Notker Wolf

Warum lassen wir uns verrückt machen?
Neue ketzerische Gedanken

NOTKER WOLF
MIT LEO G. LINDER

WARUM LASSEN WIR UNS VERRÜCKT MACHEN?

Neue ketzerische Gedanken

BONIFATIUS

Bibliografische Information der Deutschen Nationalbibliothek:
Die Deutsche Nationalbibliothek verzeichnet diese Publikation in der Deutschen
Nationalbibliografie; detaillierte bibliografische Daten sind im Internet über
http://dnb.d-nb.de abrufbar.

Klimaneutrale Produktion.
Gedruckt auf umweltfreundlichem, chlorfrei gebleichtem Papier.

Umschlaggestaltung: Weiss Werkstatt München, werkstattmuenchen.com
Umschlagfoto: picture-alliance/ dpa | Marcel Mettelsiefen
Satz: Bonifatius GmbH, Paderborn
Druck und Bindung: CPI books GmbH, Leck

Printed in Germany

ISBN 978-3-89710-908-7

Weitere Informationen zum Verlag:
www.bonifatius-verlag.de

Niemand außer diesem Fenster
Sagte mir so offen,
Dass das Leben schön ist.
Jeden Tag als Erstes
Sah ich aus diesem Fenster
Den Himmel.

Sabahattin Kudret Aksal
(türkischer Dichter, 1920–1993)

INHALT

1. Stimmt etwas mit mir nicht? | 9

2. Indianerfreie Zukunft | 15

3. Jesus aus nächster Nähe | 25

4. Von einem, der auszog, Menschen zu fischen | 33

5. Aufstand der Makellosen | 43

6. Heiliger Leichtsinn | 55

7. Spielverderber | 65

8. Pandemie der Angst | 71

9. Vorsicht, Zahlen! | 79

10. Kein Grund, zu verzagen | 85

11. Das Reich Gottes | 93

12. Die Wiederentdeckung der Erbsünde | 101

13. Wer hat Angst vorm Schwarzfahrer? | 109

14. Die Verlierer sind die Gewinner | 117

15. Ein Festmahl für Bettler | 127

16. Die rechte und die linke Wange | 131

17. Der Tanz ums Goldene Kalb der Identität | 139

18. Die Tyrannei der Minderheiten | 149

19. Wie man etwas Besonderes wird | 157

20. Jesus in weiblicher Gesellschaft | 165

21. Zweierlei Arten von Angst | 173

22. Wer sein Leben gewinnen will … | 181

23. Darf man noch Wiener Schnitzel sagen? | 189

24. Was bei Gott zählt | 199

1. STIMMT ETWAS MIT MIR NICHT?

„Sag mal, hast du denn überhaupt keine Angst?", wurde ich in der Coronazeit von einem Mitbruder gefragt. Ich überlegte. Mir fiel ein: Wenn ich in der Kirche die Stufen zum Altarraum hinuntergehe, setze ich neuerdings die Brille ab, weil ich die Treppenstufen sonst doppelt sehe und vermeiden möchte, mit einem Oberschenkelhalsbruch ins Hospital eingeliefert zu werden. Doch ist das ein Zeichen von Angst? Eigentlich nicht. Da meldet sich vielmehr mein Gefahrenbewusstsein, und das ist etwas anderes. „Nein", antwortete ich ihm.

Er hakte nach: „Und was, wenn du dich ansteckst?"

„Man wird doch immer wieder mal krank – und dann auch wieder gesund, oder?"

„Aber du könntest auf der Intensivstation landen …"

„In diesem Fall gibt es zwei Möglichkeiten. Entweder, ich überlebe, oder es ist mit mir vorbei. Keine dieser beiden Möglichkeiten schreckt mich."

Und damit war es mir ernst. Stimmt etwas mit mir nicht? Mache ich mir etwas vor? Nicht, dass ich mich gegen Vorsichtsmaßnahmen sträube, Rücksicht nehme ich schon, aber ich bleibe dabei: Angst ist mir fremd. Das war schon immer so.

Es ist Jahrzehnte her, aber noch heute muss ich schmunzeln, wenn ich an die Gesichter der Polizisten nach meinem Unfall auf der Autobahn denke. Damals hatte ein Gemüselaster ohne zu blinken direkt vor mir auf die Überholspur gewechselt, ich war zu einem Ausweichmanöver gezwungen gewesen, war links gegen die Leitplanke geprallt und zurück auf die rechte Fahrbahnseite geschleudert worden und schließlich auf dem Randstreifen zum Stehen gekommen – unverletzt, Gott sei Dank. Als dann die Polizei eintraf, fand sie im Wagen einen Notker Wolf vor, der ungerührt seine Antico Toscano weiterrauchte, eben jene Zigarre, die er sich zu Beginn der Fahrt angezündet hatte; sein Mitbruder auf dem Beifahrersitz aber stand unter Schock.

Es ist tatsächlich so: In heiklen Situationen höre ich eine innere Stimme. Bleib ruhig, flüstert sie mir zu. Es hat keinen Zweck, sich aufzuregen. Wenn du die Nerven verlierst, machst du die Sache nur schlimmer … Das leuchtet mir ein. Aber es gibt noch eine Reihe anderer Gründe für diese seltsame Unerschütterlichkeit – zum Beispiel eine gewisse Routine im Umgang mit Gefahren, die ich mir auf zahllosen Reisen außerhalb Europas angeeignet habe. Eine brisante Situation in China fällt mir dazu ein, wo ich in einem militärischen Sperrgebiet ahnungslos Fotos gemacht hatte und am selben Abend noch im Hotel von drei Polizisten Besuch bekam. In Ländern wie China wird man schnell der Spionage verdächtigt, und Spionage kann einen Kopf und Kragen kosten; merkwürdigerweise war ich trotzdem vollkommen ruhig geblieben und nach stundenlangem Verhör heil aus der Sache herausgekommen.

Ungemütlich konnte es aber auch in Zaire (dem heutigen Kongo) werden. Jedes Mal, bevor ich mich dort in der Früh auf den Weg machte, habe ich die Mutter Gottes gebeten, mich auch diesmal wieder unter ihren schützenden Mantel zu nehmen. Einmal wollte ich aus dem Landesinneren Zaires nach Kinshasa fliegen, fand aber kein Flugzeug – die einzige Maschine mit Bestimmungsort Kinshasa war eine alte Caravelle, die getrockneten Fisch geladen hatte. Was blieb mir übrig? Den Fischen war's egal, mir auch, und so habe ich mich auf nicht alltägliche Art aus Zaire davongemacht: auf Trockenfisch sitzend und im Tiefflug, weil der Druckausgleich in der Maschine nicht funktionierte. Wohlbehalten angekommen sind wir trotzdem, die Fische und ich.

Also, auf Reisen gewöhnt man sich die Ängstlichkeit schon ab. Als Grundstimmung kann Angst wohl nur in einer sicheren Gesellschaft aufkommen, die einem die Erfahrung vorenthält, dass heikle Situationen zu überstehen und selbst bedrohliche zu überleben sind – wo man sich, kurz gesagt, nicht auf sich selbst oder Gott, sondern auf den Staat und die Polizei verlässt. Vielleicht hat es die Angst in Deutschland deshalb so leicht, weil Corona viele Menschen hier aus ihrer Sicherheit herausgerissen hat – plötzlich und vielleicht zum ersten Mal stellen sie jetzt fest, dass ihr Leben an einem seidenen Faden hängt. Das tut es zwar immer, aber in einer Pandemie kann man die Augen nicht mehr davor verschließen. Ich dagegen habe mich mit dem Gedanken an den Tod schon in frühester Kindheit vertraut machen müssen.

In jungen Jahren war ich ständig krank, mal für drei, mal für sechs Monate im Jahr. Ob ich überleben würde, war nicht abzusehen. Mit vier Jahren wurde ich wegen einer Bronchitis in eine Kinderklinik eingewiesen, aus Platzmangel aber privat untergebracht, und dort ist es an meinem Bett zu folgender Szene gekommen: Nachdem der Arzt seine Untersuchung abgeschlossen hatte, wandte er sich an meine Mutter und meinte mit einem Blick auf mich: „Also, Frau Wolf, den können Sie vergessen. Den bringen wir nicht durch." Man kann sich denken: Der Ehemann im Krieg, der einzige Sohn so gut wie tot – meine Mutter ist in Tränen zerflossen, und wer weiß, vielleicht hätte der Arzt recht behalten, wäre meiner Zimmerwirtin nicht ein altes Hausmittel eingefallen. „Frau Wolf", sagte sie, „machen Sie sich keine Sorgen! Den bringen wir sehr wohl durch, und zwar mit Schmalzwickeln." Und so war es. Ich verdanke diese Geschichte einer 89-jährigen Dame, die als 16-jähriges Mädchen seinerzeit dabei gewesen ist. Ich hatte gar keine Erinnerung mehr an diesen Vorfall. So bleibt mir abschließend nur zu sagen: Lungenkrankheiten wurden in jenen Tagen mit Schmalzwickeln kuriert, und mir scheinen sie gutgetan zu haben.

Durchaus möglich also, dass ich mir meine Gelassenheit schon in frühen Jahren angewöhnt habe. Ganz sicher aber verdanke ich meine Furchtlosigkeit auch einem gesunden christlichen Fatalismus. „Herr, in deine Hände lege ich mein Leben", diesen Psalmvers singe ich in der Gemeinschaft meiner Mitbrüder an jedem Abend, bin folglich auf alles gefasst und glaube dennoch, dass es das Leben und der Herrgott gut mit mir meinen. Ich war daher keineswegs verwundert, als mir der Chefarzt einer Freiburger Klinik drei Tage vor dem ersten Lockdown beim Abschied versicherte, ich habe vom Coronavirus nichts zu befürchten. „Mit Ihrer Gelassenheit und Ihrem Humor verfügen Sie über eine sagenhafte Immunität", sagte er. „Machen Sie sich also keine Sorgen."

Ich widersprach ihm nicht. Ich bin überzeugt, dass es diese seelische Schutzhülle gibt. Wie oft habe ich erlebt, dass selbst Schwerkranke genesen sind, nachdem sie neuen Lebensmut gefasst hatten. Ich bin sicher: Nicht allein die Produkte der pharmazeutischen Industrie hatten für diesen Umschwung gesorgt, sondern vor allem ihr wiedererwachter Lebenswille, ihr Glaube an ihre Heilung, ihre Freude aufs Leben. Natürliche Immunität – nicht ausgeschlossen, dass meine Unbekümmertheit auch daher rührt.

Aber restlos zu klären ist es wohl nie, dass den einen kalt lässt, was den anderen in Panik versetzt. Menschen machen unterschiedliche Erfahrungen, sie gründen ihr Leben auch auf unterschiedliche Gewissheiten, und ich würde keinen verurteilen, der sich größere Sorgen um seine Gesundheit macht als ich. Dennoch bin ich beunruhigt. Dennoch macht es mir beinahe Angst, wie die Angst um sich greift, nicht nur in Deutschland, sondern in der ganzen westlichen Welt. Für mich sieht es sogar danach aus, dass Ängstlichkeit gesellschaftsfähig, ja zum Gebot der Stunde geworden ist. Das Schlimme daran ist: Wen die Angst befällt, den macht sie schwach, sie selbst aber ist mächtig. Sie hat die Macht, die Verhältnisse auf den Kopf zu stellen, denn wo die Ängstlichen den Ton angeben, wird Angst zur Tugend. Dann werden die Furchtsamen zu Helden und die Furchtlosen zu Verrätern. Dann wird das Sicherheitsbedürfnis der Ängstlichen auch in der Politik zum Maßstab für richtiges Handeln und die Selbstsicherheit der Unerschrockenen zum Störfaktor.

In diesem Buch möchte ich mich daher mit dem beschäftigen, was mir an unserer Welt größtes Unbehagen bereitet, nämlich die Angst. Insbesondere die Berührungsangst, weil wir alle dieser Form der Angst mittlerweile auf Schritt und Tritt begegnen, tagtäglich. Eine Pandemie geht vorüber, Corona wird vielleicht schon bald der Vergangenheit angehören, doch diese Angst wird bleiben, weil sie mehr als eine Ursache hat. Noch ausführlicher aber will ich auf jemanden eingehen, der die Angst in seinem Leben weit hinter sich gelassen hat. Der seine Anhänger immer wieder ermutigt, der sich von Menschen nichts hat bieten und vom Dämon der Ängstlichkeit nicht hat einschüchtern lassen.

2. INDIANERFREIE ZUKUNFT

Nach allem, was ich höre und lese, wird die Welt mit jedem Tag gefährlicher. Nicht nur die Gegenwart ist heute bedrohlich, auch die Zukunft verheißt nichts Gutes, und selbst die Vergangenheit steckt voll ungeahnter Gefahren. Beginnen wir mit der Vergangenheit. Ich begebe mich dafür in das Kunstmuseum einer deutschen Großstadt.

Dieses Kunstmuseum veranstaltet eine Sonderausstellung der Bilder von Wassily Kandinsky. Jetzt weiß man: Der weltberühmte Maler war ein Mann des Fortschritts; er gilt als der Erste, der den Schritt in die abstrakte Malerei gewagt hat. Allerdings hat er sich etwas erlaubt, was die Museumsleitung in größte Verlegenheit gebracht hat: Er hat Indianer gemalt, und im Titel des Bildes werden sie auch als solche bezeichnet – als Indianer eben. Was liest man nun auf dem Erläuterungstäfelchen, das neben dem Bild an der Museumswand hängt? Man liest „I…". Mehr als der Anfangsbuchstabe und drei Pünktchen sind von den Indianern in diesem Text nicht übrig geblieben. Aber vielleicht muss man schon froh sein, dass dieses Bild überhaupt gezeigt wird. Und vielleicht ist es das letzte Mal, dass es der Öffentlichkeit zugemutet wird. Ich sehe nämlich kommen, dass auch dieses einsame große „I", das schon wie der Entsetzensschrei eines angeekelten Menschen klingt, in absehbarer Zeit gegen Anstand und Moral verstoßen wird. Damit hätte dann auch Kandinskys Gemälde sein Daseinsrecht verwirkt. Es würde wahrscheinlich nicht verbrannt werden, aber in der Versenkung verschwinden müssen.

Wie eigentlich alles, was Europa in den letzten zweieinhalb Jahrtausenden an Kunst und Kultur, an Malerei, an Literatur, an Liedern, an Theaterstücken und später auch an Filmen hervorgebracht hat. Wie lautet der Vorwurf? Dass nichts davon auf der einzigartigen Höhe des moralischen Empfindens unserer Zeit ist. Dass alles in irgendeinem Sinne menschenfeindlich, beleidigend und damit anstößig ist, und Anstößiges muss verbannt, womöglich vernichtet werden.

Aber – kommt uns das nicht bekannt vor? Haben wir nicht schon in früheren Zeiten immer wieder Versuche erlebt, eine bestimmte Moral ohne Rücksicht auf Verluste durchzusetzen? Mir jedenfalls kommt bei diesem Thema eine Begebenheit in den Sinn, die zu den dunklen Kapiteln der europäischen Geschichte gehört.

Um das Jahr 1550 kam der spanische Bischof Diego de Landa nach Mexiko, ins Land der Maya. Er war ein frommer und redlicher Mann. Ihn störte nicht einmal, dass er von seinen Landsleuten in Mexiko als „Indianerfreund" beschimpft wurde, weil er geflohenen indianischen Sklaven in seinen Kirchen Asyl gewährte. Nein, dieser Diego de Landa war auch in unseren Augen untadelig. Eines Tages aber wurde er Zeuge einer blutigen Zeremonie seiner Schützlinge zu Ehren ihrer alten Götter, und von heiligem Zorn ergriffen beschloss er, hart durchzugreifen: Er ließ foltern, er ließ hinrichten, und – er übergab alle Maya-Bücher, deren er habhaft werden konnte, dem Feuer. Und während die alten Kodizes mit der wunderschönen Bilderschrift in Flammen aufgingen, schrieb er an seine Vorgesetzten in Spanien: „Wir fanden bei ihnen eine große Anzahl von Büchern, und weil sie nichts enthielten, das von Aberglauben und den Täuschungen des Teufels frei gewesen wäre, verbrannten wir sie alle …"

Ich gewinne mehr und mehr den Eindruck, dass wir gerade etwas Ähnliches erleben. Überaus rechtschaffene Menschen, ähnlich wie Bischof Landa mit einem untrüglichen Gespür für Gut und Böse ausgestattet, haben entdeckt, dass unser ganzes kulturelles Erbe vergiftet ist. Literatur, Philosophie und Kunst, nichts davon scheint in ihren Augen frei von dem rassistischen Aberglauben oder den Einflüsterungen eines politisch unkorrekten Teufels zu sein. Der heilige Zorn der modernen Moralwächter darüber entlädt sich im Internet, aber auch in Aktionen, die an das Strafgericht des Bischofs Landa erinnern – ein falsches Wort, und die Hetzjagd auf den Übeltäter beginnt. Auch als Besucher einer Kandinsky-Ausstellung in einem deutschen Museum bekommt man so noch die Auswirkungen ihres Zorns zu spüren.

Uns erwartet also eine neue, eine bessere Zeit. Unsere Zukunft wird indianerfrei und damit freundlicher sein. Oder anders gesagt: In dieser Zukunft wird die Berührungsangst herrschen, denn schließlich – wir müssen vor uns selbst geschützt werden. Vor unserer ganzen verdorbenen Vergangenheit. Vor unserer verdorbenen Sprache. Vor unseren genauso verdorbenen Traditionen und Denkgewohnheiten. Aus dem moralisch einwandfreien neuen Menschen wird nie etwas, solange zum Beispiel in der Villa Medici in Rom Wandteppiche aus dem 18. Jahrhundert hängen. Auf diesen Teppichen sind Indianer abgebildet, die Teppiche verherrlichen mithin die Eroberung Amerikas und könnten beim Betrachter kolonialistische Gelüste wecken, doch keine Sorge – im Dezember 2021 wurden die anstößigen Wandbehänge vorsorglich entfernt. Genauso schändlich ein Wandbild im Bahnhof von Zürich aus dem Jahr 1926. Es zeigt einen Afrikaner, einen Orientalen und einen Menschen mit asiatischen Zügen, die Produkte ihrer Heimat anbieten, wie exotische Früchte und Tee. Ein Kaufhaus hat seinerzeit damit für sich geworben. Der sensible Betrachter von heute aber erkennt darin eine Glorifizierung der Sklaverei und muss daher vor dem Anblick dieser drei lächelnden Gestalten bewahrt werden. Man könnte dieses Wandbild einfach übermalen, nur steht es unter Denkmalsschutz; der Stadt Zürich sind aus diesem Grund die Hände gebunden, sie muss sich mit einem Warnhinweis begnügen.

Man sieht: Die Moralwächter meinen es mit uns gut. Je weniger wir mit der Vergangenheit in Berührung kommen, desto besser für uns, denn in jedem von uns schlummert ein Rassist, ein Kolonialist, irgendetwas Bösartiges, das wachgerüttelt werden könnte – durch alte Bilder, alte Texte, alte Ideen, überhaupt alles, was aus der Vergangenheit zu uns spricht. Offenbar hat sich die westliche Menschheit bis vor Kurzem auf einem furchtbaren Holzweg befunden, moralisch wie kulturell.

Doch auch die Gegenwart ist alles andere als ungefährlich. Wie schon erwähnt, bedroht sie vor allem unsere Sicherheit, nämlich Leib und Leben, und wieder bricht die Berührungsangst aus, wieder verspricht man sich von Kontaktverboten die Rettung. Welche Blüten die Berührungsangst treibt, will ich an einem eigenen Erlebnis zeigen.

Anfang Dezember 2021 flog ich nach Inkamana in Südafrika, um in einem unserer Klöster Exerzitien zu leiten. Natürlich hatten mich besorgte Menschen in Deutschland vorher eindringlich gewarnt. Gerade war die Omikronvariante des Coronavirus in Südafrika aufgetaucht, und man legte mir nahe, die Reise abzusagen. Ich flog trotzdem, ich wurde gebraucht.

Die afrikanischen Mönche nahmen den Gast aus dem coronaverseuchten Deutschland mit großer Herzlichkeit auf. In den folgenden Tagen ließen wir alle die nötige Umsicht walten, ich selbst vermied jeden Kontakt mit der Bevölkerung, und der PCR-Test kurz vor meiner Rückreise fiel negativ aus. Wie verlangt, gab ich diesen Befund von Südafrika aus an die Fluggesellschaft durch, und damit ging's los: Ein Anrufer aus dem Gesundheitsamt im fernen Landsberg erteilte mir genaueste Verhaltensmaßregeln. Auf dem Flughafen München, so sagte er, würden mich zwei Polizisten in Empfang nehmen, um mich sozusagen umgehend aus dem Verkehr zu ziehen. Nun gut.

Ich kam in München an, doch von den angekündigten Polizisten war nichts zu sehen. Gehorsam, wie ich bin, schleppte ich mein Gepäck zur ersten Teststation, wo man sich allerdings zu vPCR-Test, einem sequentiellen PCR-Test, genauso wenig in der Lage sah wie bei der zweiten, ließ wenigstens einen Antigen-Test machen und setzte mich dann zu einer befreundeten Ärztin ins Auto. Sie hatte sich bereit erklärt, mich nach St. Ottilien zu fahren, und als wir mein Heimatkloster schon fast erreicht hatten, meldete sich das Gesundheitsamt Landsberg erneut: Diese Frau dürfe mich auf keinen Fall nach Hause bringen! Ich müsse stattdessen einen Mietwagen nehmen – und jeden weiteren Kontakt mit Menschen vermeiden! Dazu war es nun zu spät, aber der Mann am anderen Ende der Leitung tat mir leid. Er stand ja selbst unter Druck, und nun befürchtete er das Schlimmste. „Aber die nächsten 14 Tage dürfen Sie Ihr Zimmer nicht mehr verlassen!", schärfte cr mir ein.

Die folgenden zwei Wochen gehören zu den unangenehmsten Erinnerungen meines Lebens. Als gesunder Mensch saß ich auf meinem Zimmer, isoliert, buchstäblich von der Außenwelt abgeschlossen, und das Essen wurde mir vor die Tür gestellt. An den Weihnachtsfeierlichkeiten meiner Mitbrüder durfte ich nicht teilnehmen. Anfangs hatte ich noch Schreibarbeiten erledigt; später saß ich nur noch herum, kraftlos und wie gelähmt, weil einem ohne körperliche Bewegung sogar die Lust am Denken vergeht. Kurz gesagt: Ans Alleinsein bin ich gewöhnt, aber das sinnlose Eingesperrtsein machte mich fertig. Ich verstehe seither besser, dass Menschen unter Quarantänebedingungen depressiv werden können.

Meine Erfahrungen der letzten Jahre lassen sich also ungefähr folgendermaßen zusammenfassen: Wir scheinen in einer infizierten Welt zu leben. Unsere seelische Gesundheit wird von dem Virus böser Worte und böser Ideen angegriffen, und unsere physische Gesundheit wird von genauso bösartigen biologischen Viren bedroht. Im Grunde müssten wir unentwegt auf der Hut sein und alles als Gefahrenquelle betrachten, unsere Kultur wie unsere Mitmenschen. Und beides müsste uns in Angst und Schrecken versetzen, denn welcher Text eines Popsongs enthält keine sexistischen Passagen? Welcher Autor des 19. Jahrhunderts hat sich um politische Korrektheit geschert? Welcher Film der letzten hundert Jahre wartet mit dem aktuellsten Frauenbild auf? Und was unsere Mitmenschen angeht – jeder, selbst die älteste und beste Freundin, könnte das Virus einschleppen und zur Gefahr für Leib und Leben werden. Wäre es da nicht wirklich das Klügste, kein Buch mehr anzufassen, keinen Song mehr zu streamen und die Tür hinter uns gut zu verriegeln?

Hütet euch! Geht auf Distanz! Lasst Bilder, Bücher und Menschen erst gar nicht an euch heran! Auf die knappste Formel gebracht, lauten die Anweisungen von Moralwächtern und Gesundheitsaposteln tatsächlich so. Aber sie wissen auch, wie wir zu retten wären, und nachdem sie die Angst geschürt haben, raten sie uns zur nächsten Angst, zur – Berührungsangst. Mit anderen Worten: Angst soll mit Angst bekämpft werden. Eine Angst soll die andere vertreiben, denn wo keine Berührung, da keine Ansteckung. Damit wären wir endgültig in einer Welt angekommen, die den Furchtsamen und Gehorsamen gehört. Aber, gefällt uns diese Welt überhaupt?

Mir nicht. Ich teile nämlich die Sorgen von Moralwächtern und Gesundheitsaposteln nicht. Ich bin zwar gerne bereit, mich über Mitmenschen jeder Herkunft und Hautfarbe freundlich zu äußern. Ich bin genauso gerne bereit, in einer Pandemie Schutzmaßnahmen zu ergreifen, und lasse mich dafür auch impfen. Aber ich lasse mir ungern vorschreiben, wie ich zu denken, wie ich zu reden, was ich mir anzuschauen oder zu lesen oder anzuhören habe und mit wem ich verkehre. Ich male nun mal lieber den Herrgott als den Teufel an die Wand und finde die Welt nicht halb so schrecklich wie jene, die mich mal warnend, mal drohend vom Segen der Berührungsangst überzeugen wollen. Mehr als jede Berührung stört mich der Verfolgungswahn von Leuten, die hinter jeder Straßenecke einen Ausländerfeind vermuten und in jedem Mitmenschen eine Gefahr für meine Gesundheit erblicken. Nur – was hilft denn tatsächlich gegen die Angst, wenn sie sich wie ein Lauffeuer ausbreitet und wie ein Steppenbrand wütet?

Meine Antwort wird Sie vielleicht überraschen. Auch für mich war es eine Entdeckung, als mir bei der Beschäftigung mit den Evangelien in den letzten Jahren allmählich klar wurde: Mit Jesus Christus haben wir das Paradebeispiel eines politisch unkorrekten Menschen vor uns. Seine Unerschrockenheit war mir bekannt. Dass er die Ängstlichkeit seiner Jünger mit freundlichem Spott bedacht hat, wusste ich – sein Kommentar „ihr Kleingläubigen" wäre wohl treffender mit „ihr Angsthasen" zu übersetzen. Aber vor dem Hintergrund einer verunsicherten Gegenwart habe ich die Evangelien mit anderen Augen gelesen und gemerkt: Dieser Jesus bietet dem Zeitgeist die Stirn. Er ist nicht einzuschüchtern und nimmt kein Blatt vor den Mund. Er stößt seine Zuhörer vor den Kopf, nimmt in Kauf, sich Feinde zu machen, und hat auch noch Vergnügen daran. Er lässt sich in die hitzigen Auseinandersetzungen seiner Zeit hineinziehen und gibt niemals um des lieben Friedens willen klein bei; ständig muss man bei ihm mit unerhörten, ja skandalösen Äußerungen rechnen. Seine kämpferische Natur macht nur einen Teil seines Wesens aus, das ist richtig, aber wahr ist auch: Das liebe Jesuslein hat es nie gegeben (allenfalls in der Krippe) – wohl aber den Jesus, der seine Anhänger ermutigt, sich von den Meinungsführern und Sittenwächtern seiner Zeit nichts bieten zu lassen. Er könnte auch uns Heutigen einiges zu sagen haben. Mit diesem Jesus will ich mich jedenfalls auf den folgenden Seiten befassen, wobei gelegentliche Abstecher in unsere Gegenwart nicht ausgeschlossen sind.

Und noch eins: Wenn ich im Folgenden aus den Evangelien zitiere, werde ich mich an keine der gängigen Übersetzungen halten. Die Sprache der Bibel ist uns heute fremd und gleichzeitig allzu vertraut, sie vermag uns kaum noch zu packen. Dabei sind vor allem das Markus- und das Matthäusevangelium in einem forschen, mitreißenden Reportage-Stil geschrieben, auch Johannes ist ein Meister der Dramatik, und ich werde versuchen, diesen Texten durch eine etwas modernere Sprache ihre Unmittelbarkeit und Frische zurückzugeben.

3. JESUS AUS NÄCHSTER NÄHE

„Warum tun deine Jünger, was am Sabbat verboten ist?" „Für wen hältst du dich?" „Er ist von Sinnen!" „Mit Steuereintreibern und Sündern sitzt er an einem Tisch!" „Durch den Fürsten der Dämonen treibt er die Dämonen aus!" „Wie kann er sagen: Er ist vom Himmel herabgekommen? Wir kennen doch seinen Vater und die ganze Mischpoke!" „Er hat den Verstand verloren!" „Unmöglich, sich diesen Menschen anzuhören, ohne in Rage zu geraten!" „Er ist ein Fresser und Säufer!" „Warum hört ihr auf ihn?" „Ist das nicht der, den sie am liebsten töten würden?"

So lauten die Kommentare, die Zwischenrufe und Randbemerkungen, wo immer Jesus auftritt. Sicher, es sind auch andere Stimmen zu hören, die Stimmen seiner Anhänger und Bewunderer, jener, die nichts auf ihn kommen lassen, und so dürfen wir annehmen, dass es bei seinen Veranstaltungen oft laut und hoch und heftig hergeht. Womöglich kommt es zu Demonstrationen und Gegendemonstrationen, und seine Gegner werden seine Verhaftung herbeisehnen.

Denn Jesus ist berüchtigt. Von einigen wohl auch gefürchtet. Kein Mann der sanften Töne jedenfalls. Hat er nicht im

Tempel um sich geschlagen? Die Evangelisten berichten übereinstimmend von diesem Vorfall, wie sie uns auch die unterschiedlichen Reaktionen seines Publikums überliefern, und die sogenannte Tempelreinigung war durchaus keine symbolische Aktion: Er soll Stricke zusammengebunden haben und damit auf Geldwechsler und Taubenhändler und deren Kunden losgegangen sein, er soll Tische und Stühle umgestoßen und Opfertiere auseinandergejagt und dabei gerufen haben: „Raus mit euch! Ihr habt das Haus meines Vaters zum Kaufhaus gemacht!" Offenbar hatten die Römer den Vorfall nicht mitbekommen, sonst wären sie eingeschritten, und von Jesus hätte man nie mehr gehört. Temperament, heißes Blut und eine ordentliche Portion Verwegenheit kann man ihm also nicht absprechen. Übrigens kaum glaubhaft, dass seine Jünger im Tempel nicht kräftig mitgemischt haben sollten; sie waren ja dabei gewesen.

Nein, kein Mann der sanften Töne. Wir werden später noch sehen, dass selbst die Bergpredigt kein Friedensgesäusel ist, sondern ein Brocken, der manchem Zuhörer schwer im Magen gelegen haben dürfte. Ich bin daher überzeugt: Keiner, der Jesus aus nächster Nähe erlebt hat, wird ihn hinterher für einen Stubengelehrten, einen abgeklärten Weisen oder einen stets lächelnden Guru gehalten haben. Nicht von ungefähr stellen die Evangelisten ein ums andere Mal fest, dass Jesus als Redner Furore macht. Und an dieser Stelle möchte ich eine persönliche Bemerkung einflechten.

Für mich gibt es keine ergreifendere Botschaft als die, dass Gott in Jesus Mensch geworden ist. Wen diese Botschaft trifft, der spürt ihre Wucht, der kann sich ihrer Wirkung nicht entziehen. Die Anziehungskraft des christlichen Glaubens beruht auf dieser Botschaft. Aber diesmal soll mich weniger der Gottessohn im Menschensohn als vielmehr der Menschensohn im Gottessohn interessieren. Ich will die Evangelien deshalb nicht wie ein Theologe lesen, der eine zeitlose Wahrheit zu finden hofft, sondern eher wie ein Zeitungsleser, der sich auf die realistischen Details einer Reportage konzentriert. Und die Evangelien strotzen vor Realismus.

Man stelle sich vor, uns lägen nichts als die Reden und Aussprüche Jesu vor – von dem Mann selbst könnten wir uns dann kein Bild machen. Aber wir haben Glück. Die Evangelien sind sozusagen die Memoiren der Jünger. Die Lebensgeschichte Jesu erleben wir durch ihre Augen, aus ihrer Perspektive. Sie haben Jesus tatsächlich aus der Nähe erlebt, als einen Menschen unter Menschen in konkreten, oft dramatischen Situationen. Selbst im Wissen um seinen Tod und seine Auferstehung liefern die Evangelisten uns das Porträt eines zwar ungewöhnlichen, aber ganz realen Menschen mit seinen Schwächen und Stärken, der seine großen Auftritte wie auch seine weniger glanzvollen Momente hat. Mit demselben Realismus werden übrigens auch alle anderen Beteiligten beschrieben.

Mit anderen Worten: Theologen richten ihr Augenmerk auf das, was göttlich an Jesus ist. Das, was an ihm alltäglich und menschlich ist, spielt für die Verkündigung kaum eine Rolle, das eignet sich nicht für die Kanzel, das fällt normalerweise unter den Tisch. Was aber, wenn uns dieser Jesus aus Fleisch und Blut genauso viel zu sagen hätte wie der Gottessohn? Wenn er uns durch seine menschlichen Eigenschaften genauso für sich einnehmen könnte wie durch seine Lehren? Denn so, durch seine Persönlichkeit, hat er ja auf seine Zeitgenossen gewirkt, hat er die einen für sich gewonnen und die anderen abgestoßen. Mir scheint es den Versuch wert, sich Jesus einmal auf diese Weise zu nähern.

Seine Mitmenschen haben Jesus jedenfalls anders erlebt, nicht als Heiligen, nicht als Gottessohn und nicht als Auferstandenen, sondern als gewöhnlichen Sterblichen vor der profanen Kulisse von staubigen Landstraßen, Dorfplätzen, armseligen Hütten und ansehnlichen Landsitzen, Fischerbooten und zum Trocknen aufgespannten Netzen am Seeufer und immer wieder inmitten von Volksaufläufen, im Menschentrubel, als einen von ihnen. So haben ihn auch seine Jünger in Erinnerung, wenn sie an die gemeinsame Zeit mit ihm zurückdenken. So wird er – wenn er nicht gerade Wunder tut – auch in den Evangelien beschrieben, und man muss schon sehr genau hinschauen, wenn man in diesem Jesus den Gottessohn erkennen will. Schön, heute wissen wir's. Aber damals wussten sie es nicht. Und wenn man es nicht weiß, wenn man es nicht einmal ahnt, was sieht man dann? Einen mitreißenden, charismatischen, temperamentvollen, polemisch begabten, schlagfertigen, absolut unkonventionellen und – zumindest in der Anfangszeit – lebenslustigen Mann von etwa 30 Jahren. Vor allem aber einen, der die Gemüter erregt, provoziert und polarisiert.

Das müssen wir uns klarmachen: Für die Weltgeschichte ist Jesus vorläufig ein Niemand, aber in der römischen Provinz

Palästina sorgt er für beträchtliches Aufsehen. Er spaltet die jüdische Gesellschaft in zwei Lager. Mit seinen Reden erntet er beides, begeisterten Zuspruch und helle Empörung, und jeder wird für seine Ansichten über ihn gute Gründe haben. Leicht ist es jedenfalls nicht, als Zuhörer ruhig Blut zu bewahren, denn Jesus stellt unerhörte Behauptungen auf, lehnt Altbewährtes rundweg ab und redet von einer neuen Zeit, in der völlig andere Regeln gelten sollen, nämlich so gut wie gar keine mehr. Seine Gegner sagen: Er spielt sich auf. Er überschätzt sich gewaltig. Er geht entschieden zu weit.

Was sie an ihm besonders unausstehlich finden: Andere Unruhestifter bisher haben das Volk gegen die römische Besatzungsmacht aufgewiegelt, aber Jesus wiegelt es gegen die eigenen Leute auf, gegen die Vertreter von Recht und Ordnung, die religiösen Autoritäten, die Verteidiger von Sitte und Moral, gegen Hohepriester, Schriftgelehrte und Pharisäer. Ist er ein Staatsfeind, betreibt er Volksverhetzung? Oder ist er ein Freund des Volkes, ein Befreier, jemand, der ausspricht, was alles im Argen liegt, und sich für die Leute einsetzt, das einfache Volk zumindest?

Dass er sich einsetzt, ist jedenfalls keine Frage. Man kann es nicht anders sagen: Jesus ist ununterbrochen im Einsatz. Wir überlesen es wahrscheinlich leicht, aber die Evangelisten werden nicht müde, auf das Gedränge hinzuweisen, das ständig um ihn herrscht. Immer wieder ist von Menschenansammlungen die Rede, von Gewühl, von Leuten, die ihn von allen Seiten bedrängen, die keine Ruhe geben. Oft findet er nicht einmal Zeit zum Essen, weil sie draußen auf der Straße schon wieder nach ihm rufen. Wo er auftaucht, laufen Menschen zusammen, kommt es zu Sympathiekundgebungen und Protestationen. Jesus nimmt sich für alle Zeit, für die Streitgespräche mit seinen Gegnern genauso wie für die Kinder, die er segnen soll und die seine Jünger eigentlich verscheuchen wollten, weil es manchmal einfach zu viel wird. Ein anstrengendes Leben. Dieser Mann opfert sich regelrecht auf, und auch das macht ihn beliebt – beziehungsweise erst recht verdächtig. Denn einmal abgesehen von dem, was er an neuen Ideen und Unverschämtheiten von sich gibt: Wo kommt dieser Jesus überhaupt her? Was hat er für eine Vorgeschichte, und wie sieht sein Lebenswandel aus?

Nichts davon ist vertrauenerweckend. Eher beunruhigend. Was den Lebenswandel angeht: Er ist unbürgerlich. Jesus ist kein Freund der Sesshaftigkeit, er muss sich unter Menschen begeben, er sucht den Kontakt, weshalb er unablässig in Bewegung ist, mal zu Wasser, meist zu Lande. Obdachlos ist er nicht, hat aber keinen festen Wohnsitz; böse Zungen behaupten: Er führt ein Landstreicherleben. Natürlich ist er nie allein unterwegs. In seiner Gesellschaft befindet sich eine wechselnde Zahl von Leuten, die sich ihm für kürzere oder längere Zeit angeschlossen haben, Tagelöhner, Arbeitslose, womöglich Huren darunter. Seine Kerntruppe aber besteht aus einem Dutzend kräftiger Männer seines Alters, die organisatorische Aufgaben übernehmen, aber auch als Leibwächter fungieren. Sie mögen keine Experten in Theologie sein, aber zupackend sind sie (man wird sie später Apostel nennen, vorläufig heißen sie schlicht „Die Zwölf"). Ungefährlich ist dieses Nomadenleben übrigens nicht. Mehr als einmal gerät Jesus auf dem See Genezareth mit seiner Begleitmannschaft in einen Sturm, dann wieder bekommt er es mit einem aggressiven Wahnsinnigen zu tun, und mit Polizeispitzeln, auch mit Verhaftung ist jederzeit zu rechnen. Mit Anfeindungen sowieso.

Vorsichtig ausgedrückt könnte man also sagen: In ehrenwerter Gesellschaft befindet er sich nicht – was auch der Grund dafür sein dürfte, warum nicht einmal seine Familie mit ihm zu tun haben will. Daheim glauben sie, er sei durchgedreht. Dabei ist es mit dieser Familie auch nicht weit her; Jesus kommt wohl aus eher ärmlichen Verhältnissen. Zimmermann soll sein Vater sein, so liest man es in den Evangelien, aber der griechische Originaltext bezeichnet ihn als „tecton", und das heißt Bauarbeiter. Ob er als Schreiner oder Maurer auf den Baustellen arbeitet, weiß man nicht, aber der Gedanke liegt nahe, dass sein Sohn Jesus schon früh in seine Fußstapfen getreten ist und ebenfalls auf Baustellen zu Hause war, bevor er sich für ein anderes Leben entschied. Kurz gesagt: Jesus kommt höchstwahrscheinlich vom Bau, wo es bekanntlich nicht zimperlich zugeht, und diese Herkunft merkt man ihm an.

Er nimmt kein Blatt vor den Mund. Er ist impulsiv, streitlustig, bisweilen auch aufbrausend. Für Autoritäten hat er wenig übrig und verkehrt mit allen, selbst mit der intellektuellen Elite seines Landes, von Gleich zu Gleich. Er schmeichelt ihnen nicht, er überschlägt sich nicht vor Höflichkeit, er zieht sich auch dann nicht verschreckt oder ehrfürchtig zurück, wenn Schriftgelehrte ihm seine Ungebildetheit vorhalten – die kleinen Leute rechnen ihm das hoch an. Er ist einer von ihnen, aber unerschrockener als die meisten; er spricht ihre Sprache, und die ist knapp und klar und einprägsam und manchmal drastisch – kein Intellektuellengerede, kein hochgestochenes Zeug. Vermutlich ist es ein Vergnügen für sie, seinen Streitgesprächen mit den Sittenwächtern und Gebildeten zu lauschen, und wie bravourös er ihre Angriffe kontert. Ja, und auch das dürfte ihnen gefallen: Dieser Jesus redet nicht fromm daher.

Aber was will er? Was hat er vor?

4. VON EINEM, DER AUSZOG, MENSCHEN ZU FISCHEN

Er will Menschen fischen.

Jedenfalls ruft er das den beiden Fischern zu, die im seichten Uferwasser des Sees Genezareth mit ihren Wurfnetzen gerade ihrer Arbeit nachgehen: „Ich will euch zu Menschenfischern machen!" Es sind Simon Petrus und Andreas, und sie haben tatschlich Lust, Menschen zu fischen. Sie lassen alles stehen und liegen und schließen sich ihm an. Vielleicht hat ihnen das Wortspiel gefallen. Humorlos ist er wohl nicht, der Mann am Ufer.

Und offenbar ist es das, was Jesus selbst vorhat: Menschen fischen. Also Menschen für seine Sache begeistern, Mitstreiter, Sympathisanten gewinnen, womöglich im großen Stil. Und das wäre neu. Kein Prophet der alten Zeit hätte so gesprochen. Wenn die Propheten ans Volk dachten, sahen sie eine Schafherde vor sich, die einen Hirten nötig hat. Einen, der sie lenkt und leitet. Einen, dem sie in blindem Vertrauen hinterhertrotten kann. Aber Jesus will nicht den Hirten spielen, will keine Menschen hüten, er will sie fischen, überzeugen, mitreißen. Und bei dieser Gelegenheit erfahren wir wie nebenbei, was er für seinen Auftrag hält: eben die Menschen in Judäa und Galiläa für seine Ideen gewinnen. Nicht weniger, aber auch nicht mehr. Von Leiden und Sterben ist noch keine Rede.

Was genau schwebt ihm vor? Eine Kampagne, eine Art Werbefeldzug mit dem Ziel, so viele Anhänger wie möglich hinter sich zu scharen? Aber zu welchem Zweck? Worauf soll dieses Menschenfischen hinauslaufen? Das erfahren wir vorläufig nicht, und auch seine Zeitgenossen rätseln. Selbst seine Jünger, deren Zahl sich mittlerweile auf zwölf beläuft, müssen sich überraschen lassen. Es sieht nämlich so aus, als würde Jesus nicht einmal sie in seine Pläne einweihen, jedenfalls berichten die Evangelien davon nichts, und die Jünger erwecken ihrerseits nicht den Eindruck, sich besonders dafür zu interessieren. Vielleicht macht es ihnen anfangs einfach Spaß, mit diesem Jesus herumzuziehen, ihn in Aktion zu erleben, denn seine Methoden sind unüblich, um das Mindeste zu sagen.

Natürlich wird viel geredet. Wo er hinkommt, hält Jesus spontane Vorträge, er debattiert, er erzählt Geschichten und kommt damit erstaunlich gut an. Die Leute wollen ihn hören, weil sie von ihm gehört haben. Sie wollen wenigstens ein Wort von ihm aufschnappen, sie strömen in Scharen herbei, und anschließend sind sie aufgewühlt, erschüttert, denn seine Reden haben es in sich. Was da im Einzelnen zur Sprache kommt, wird uns später noch beschäftigen; für den Augenblick soll es reichen, dass seine Reden Wirkung zeigen – „Die Leute waren überwältigt", heißt es beispielsweise im Matthäusevangelium. Der allgemeine Eindruck ist: Hier spricht einer mit Überzeugungskraft und Kühnheit nie Gehörtes und wohl auch ziemlich Riskantes aus. Da weht ein neuer Wind.

Es wird auch viel geheilt. Jesus ist kein Arzt, aber er verfügt über die Fähigkeit, unheilbar Kranke gesund zu machen. Es geht dabei oft spektakulär zu, immer dann nämlich, wenn es zu einem regelrechten Machtkampf zwischen Jesus und dem Krankheitsdämon kommt. Es kann dann laut werden, weil beide sich anbrüllen und anfauchen, Jesus und der Dämon (durch den Mund des Kranken). Er macht aber auch noch etwas anderes. Er macht sich unbeliebt – und das, wie es scheint, mit dem größten Vergnügen.

Die ersten acht Kapitel des Markusevangeliums kann man als eine Abfolge von Provokationen lesen. Jesus legt es darauf an, Unruhe zu stiften, zu verstören, zu verärgern. Und das ist nicht schwer, denn der jüdische Alltag ist streng reglementiert. Es wimmelt von Gesetzen, Vorschriften und Verboten, alle religiös begründet und daher unumstößlich. Zahlreich sind aber auch diejenigen, die über die Einhaltung dieses Reglements im Alltag wachen und sich bei Verstößen gern einmischen.

Da sind in erster Linie die Pharisäer. Der Begriff ist uns bis heute geläufig. Wir verstehen darunter einen scheinheiligen und selbstgerechten Menschen, eine hypermoralische Nervensäge, und das ist nicht falsch. Die Pharisäer, mit denen Jesus es zu tun bekommt, sind Privatleute, die sich selbst penibel an sämtliche religiöse Vorschriften halten, doch nicht nur das. Auch auf ihre Mitmenschen haben sie ein wachsames Auge und schreiten ein, sobald es jemand mit den Vorschriften nicht so genau nimmt. Die Unbekümmerten und Nachlässigen sind ihnen ein Dorn im Auge. Es ist der Menschentyp, der alles richtig machen will und nicht erträgt, dass andere sich Freiheiten nehmen. Mit anderen Worten: Pharisäer gehören jenem Menschenschlag an, der keinen Spaß versteht.

Es wird ernsthaft Fromme, wirklich Gewissenhafte unter ihnen geben. Übertriebene Korrektheit aber birgt immer die Gefahr, dass man den eigenen Ansprüchen nicht gerecht wird; ganz abgesehen davon, dass solche ständig besorgten, reizbaren und unnachgiebigen Zeitgenossen nicht zu den umgänglichen, schon gar nicht zu den sympathischen Mitmenschen gehören. Ausgerechnet diese Leute aber prägen das gesellschaftliche Klima im jüdischen Land. Sie geben den Ton im Alltagsleben an, sie sind Sittenwächter und Meinungsführer in einer Person.

Genauso liegt auch den Schriftgelehrten die religiöse Korrektheit am Herzen. Es sind die Gebildeten, die Lehrer, die Rabbis. Sie haben ein Studium absolviert, sie kennen sich in den heiligen Schriften aus, sie bilden die intellektuelle Elite, und viele von ihnen verstehen sich gleichzeitig als Pharisäer; in den Evangelien werden Schriftgelehrte und Pharisäer deshalb oft in einem Atemzug genannt. Und die letzte Gruppe, mit denen sich Jesus anlegen wird, sind die Priester und Sadduzäer. Sie sind für die ordnungsgemäße Abwicklung des Tempeldienstes zuständig und daher hauptsächlich in Jerusalem zu finden. Allen gemeinsam ist, dass sie ihren Mitmenschen auf die Finger sehen und aufs Maul schauen, ob sie Verbotenes treiben oder sagen.

Jesus kann sie, offen gesagt, nicht leiden. Er hält sie für Scheinheilige, für Heuchler, für fromme Schauspieler, für Leute, die in der Öffentlichkeit Wasser predigen, selbst aber Wein trinken. Dieses ganze System von Kontrolle und Bevormundung, das sie errichtet haben, ist ihm zuwider. In ihrer Nähe hat er das Bedürfnis, die Fenster aufzureißen, um frische Luft hereinzulassen. Schon seine Lebensweise lässt sich als Protest gegen die erstarrten Verhältnisse, die stickige Atmosphäre in diesem Land verstehen. Er hat sich für die Freiheit, das Tageslicht, die sonnendurchglühten Landstraßen und Feldwege, den Wind auf dem See Genezareth, also für eine ungebundene, bewegliche Lebensform unter freiem Himmel entschieden und gehört schon so gesehen einer anderen Welt an. Darüber hinaus herrscht in seiner Umgebung aber auch ein anderes menschliches Klima, ein anderes Denken, ein anderes Lebensgefühl.

Damit kommen wir zu einer Schlüsselszene. Markus beschreibt sie im zweiten Kapitel seines Evangeliums, Matthäus im neunten, und sie lässt erahnen, welche beinahe ausgelassene Aufbruchstimmung zu Beginn im Kreis der Jesusleute herrscht. Folgendes ist also passiert: Das Fasten gehört zu den rituellen Pflichten. Fromme Juden fasten regelmäßig an bestimmten Tagen, zu bestimmten Zeiten. Wer sich nicht daran hält, sind die Jünger – sie genehmigen sich offenbar auch an Fastentagen üppige Mahlzeiten –, und wer sie gewähren lässt, ist Jesus. Das fällt auf, das gibt alsbald Ärger, und jetzt muss sich Jesus rechtfertigen: „Warum schlagen sich deine Jünger an Fastentagen die Bäuche voll?" Seine Antwort überrascht. Er versucht erst gar nicht, sie zu entschuldigen, er geht gleich zum Angriff über und entgegnet: „Wart ihr schon mal auf einer Hochzeit?

Ja? Dann wisst ihr auch, dass Hochzeitsgäste kräftig zulangen, solange gefeiert wird. Zum Fasten ist immer noch Zeit, wenn die Hochzeit vorbei ist, aber so weit sind wir noch nicht – jetzt wird bei uns erst mal getafelt und gezecht." Was heißt das anderes als: Wir sind gerade in Feierlaune, ihr Sauertöpfe! Bei uns ist Freude angesagt, und da wird gegessen und getrunken, so oft uns danach ist! Lasst uns in Ruhe mit euren kleinkarierten Vorstellungen von dem, was sich gehört und was nicht!

Einmal in Fahrt, geht Jesus noch weiter. Was ihr hier erlebt, sagt er, hat es noch nicht gegeben. Das ist etwas völlig Neues. Wir machen alles anders. Ich werde mich deshalb nicht mit kleinen Veränderungen zufriedengeben. Ich werde mich nicht mit Flickwerk aufhalten, und halbe Sachen sind von mir nicht zu erwarten. Merkt euch das: Neuer Wein gehört in neue Schläuche, und neue Ideen vertragen sich nicht mit euren alten, erstarrten Formen! Mit anderen Worten: Jesus erteilt den Sittenwächtern eine schroffe Abfuhr. Von diesen Regelwütigen und Verbotsfanatikern will er sich nicht die Stimmung verderben lassen, und in diesem Stil geht es jetzt weiter.

Dass seine Jünger sich nicht an die Regeln halten, wird zum Dauervorwurf. Vor jeder Mahlzeit muss die rituelle Waschung vorgenommen werden, die Jesusleute aber essen ihr Brot in der Öffentlichkeit, für jeden sichtbar, mit ungewaschenen Händen, und prompt heißt es: „Warum verstoßen deine Jünger gegen die Vorschriften?" Jesus ergreift die Gelegenheit zu einer geharnischten Erwiderung. Er bezeichnet den ganzen Vorschriftenkram als Menschenwerk und überflüssigen Ballast und rät seinen Zuhörern, sich überhaupt nicht mehr daran zu halten, weil nur die innere Einstellung zählt, nicht äußerliche Sauberkeit, kein stures Befolgen sinnloser Regeln. „Greift beherzt zu", fordert er die Umstehenden auf, „ob mit gewaschenen oder ungewaschenen Händen. Lasst euch alles schmecken. Sehr wohl von Belang ist aber, was über eure Lippen kommt, denn das verrät, wie es in euren Herzen aussieht!"

„Hast du mitgekriegt, wie sich die Pharisäer darüber geärgert haben?", fragt ihn einer seiner Jünger hinterher. „Sollen sie sich doch ärgern", gibt Jesus zurück. „Sie sind blinde Blindenführer. Sie maßen sich sowieso zu viel an, diese Wichtigtuer."

Auch er selbst nimmt kaum noch Rücksicht auf die Empfindlichkeiten seiner Kritiker. So lässt er sich zum Beispiel von Leuten einladen, die nicht den besten Ruf genießen, setzt sich sozusagen mit Gesindel zu Tisch, mit Menschen, die sich an gar keine Regel halten, speist und redet und vergnügt sich vermutlich mit ihnen und handelt sich damit gleich den nächsten Vorwurf ein – „Er lässt sich von zwielichtigen Gestalten zum Essen einladen!"

„Genau solche Leute will ich gewinnen", antwortet er knapp. „Den Gerechten habe ich nichts zu sagen, die brauchen mich nicht." In seinem Mund klingt das Wort „Gerechte" immer wie „Selbstgerechte"; es ist wohl auch so gemeint.

Die größte Reibungsfläche aber bietet der Sabbat. Der Sabbat ist heilig, am Sabbat muss praktisch jede Tätigkeit unterbleiben, doch Jesus setzt sich darüber hinweg. Er heilt am Sabbat, auch das ist verboten, auch das ruft selbstverständlich Protest hervor, aber am nächsten Sabbat heilt er schon wieder. Einmal fordert er einen geheilten Mann auf, seine Liege zu nehmen und nach Hause zu gehen, was behördliche Nachforschungen auslöst. Der Mann folgt nämlich der Aufforderung Jesu, schultert seine Liege und wird auf der Straße prompt angehalten, denn es ist Sabbat, und das Tragen einer Liege fällt unter die verbotenen Tätigkeiten. Die Spur führt zu Jesus, und der wird für seine Anweisung tatsächlich zur Rechenschaft gezogen. Verstöße gegen die Sabbatruhe werden also sehr ernst genommen.

Nur dass Jesus und seine Jünger die Sabbatruhe nicht ernst nehmen. Einmal sind sie am Sabbat unterwegs, als es ihnen plötzlich einfällt, in ein Kornfeld auszuschwärmen und Ähren auszuraufen, um die Körner zu essen. Warum? Weil sie Hunger haben? Das glaube ich nicht. Wie wir noch sehen werden, ist die Kasse der Jesusleute gut gefüllt. Um Mundraub wird es sich bei dieser Aktion nicht handeln, für ausreichend Proviant ist unterwegs jederzeit gesorgt. Nein, ich glaube eher: In diesem Moment kommen Pharisäer des Wegs, und sie kommen wie gerufen, denn Pharisäer ärgern macht Spaß – also rein ins Feld und etwas Verbotenes tun! Und der Erfolg gibt ihnen recht: Die Pharisäer protestieren – darauf ist Verlass. Mit der Feststellung, der Mensch sei nicht für den Sabbat da, sondern der Sabbat für den Menschen, macht Jesus jeder Diskussion ein Ende. Ich könnte mir vorstellen, wie die Jesusleute später in der Herberge beisammensitzen und sich darüber amüsieren, wie diese humorlosen Pharisäer aus der Haut gefahren sind. Vielleicht fallen solche Aktionen bei ihnen unter Straßentheater, und höchstwahrscheinlich wird auch Jesus mitlachen.

Das also ist mit Menschenfischen nicht gemeint: jedem nach dem Mund reden und von allen Beifall heischen. Jesus erhitzt die Gemüter, er spaltet die öffentliche Meinung. Vieles von dem, was er sagt, klingt in frommen Ohren skandalös. Aus Sicht der Pharisäer und Schriftgelehrten ist er ein Enfant terrible, für seine Anhänger ein Befreier. Tatsächlich verkörpert er beides, und die Frage ist, welche Ansicht sich durchsetzen wird. Davon wird sein Schicksal abhängen.

Bisher lässt er seine Kritiker allesamt wie verknöcherte Paragrafenreiter aussehen. Wie oft mag er die Verkrampften und Verbissenen aufs Korn genommen haben, ohne dabei nicht wenigstens innerlich zu schmunzeln? Und mit welchem Optimismus er antritt, wie beinahe draufgängerisch er auftritt, in dieser Anfangszeit! Plötzlich ist erlaubt, was verboten ist, und man hat das Gefühl, die neue Freiheit könnte seine Jünger manchmal zum Übermut verleitet haben – mit todernsten Gesichtern werden sie jedenfalls nicht durch die jüdischen Lande gezogen sein. Eine ungewohnte Vorstellung? Wahrscheinlich. Aber es gab in den drei kurzen Jahren, die dem Menschensohn blieben, eben nicht nur die Leidenszeit, es gibt nicht nur den Schmerzensmann. Der lebenslustige und kämpferische Jesus wird für uns von der Tragödie seines Todes überschattet, aber wir würden einen Fehler machen, wenn wir bei ihm die Leidenschaftlichkeit und die ausgelassene Aufbruchstimmung dieses ersten Jahres abziehen würden, von der Markus, Matthäus und Lukas übereinstimmend berichten.

5. AUFSTAND DER MAKELLOSEN

Womit soll ich anfangen? Mit den umbenannten Straßen und Apotheken, mit den abgeräumten Denkmälern, mit den zensierten Kinderbüchern, mit den verbotenen Wörtern, mit den Eingriffen in die Sprache, mit dem Opferkult, mit dem Tanz um das Goldene Kalb der Minderheiten und Identitäten? Es ist verwirrend, die Moralwächter unserer Zeit sind auf vielen Gebieten aktiv, aber der Denkmalstreit in den USA bietet wohl den besten Einstieg in das Problem der Cancel Culture. Damit ist eine Gesinnung gemeint, die Streitfragen durch Verbieten, Verbannen oder Verhindern lösen will. Diese sogenannte Kultur will Gegenmeinungen also erst gar nicht hören, sie bekämpft Andersdenkende. Um welche Art von Streitfragen geht es?

Beginnen wir mit General Robert E. Lee. Soll seine Statue demontiert werden? Diese Frage stellte sich vor einigen Jahren in Charlottesville, einer Stadt im Bundesstaat Virginia. Eine schwarze Schülerin hatte sich 2016 mit einer entsprechenden Petition an den Stadtrat von Charlottesville gewandt; sie verlangte, das Denkmal des Generals aus ihrem Gesichtskreis und damit aus der Welt zu schaffen. Was war der Grund?

Nun, General Lee ist kein unumstrittener Mann. Er hatte im Amerikanischen Bürgerkrieg (1861 bis 1865) die Armeen der Südstaaten angeführt und den Nordstaaten anfangs etliche Niederlagen bereitet. Auch wenn sich die Südstaaten am Ende geschlagen geben mussten, bewahrte man Lee dort ein ehrendes Angedenken; für viele Südstaatler war und blieb er ein Freiheitsheld, ein Kämpfer gegen die Bevormundung durch den Norden. Um das angeschlagene Selbstbewusstsein der Südstaaten wieder aufzurichten, ging man nach dem Krieg daran, auf dem Gebiet der Südstaaten General-Lee-Denkmäler aufzustellen – eine symbolische Aktion, die in den Nordstaaten verständlicherweise seit jeher als Provokation empfunden wurde.

Das ist die politische Seite des Problems. Es gibt aber auch eine moralische. Denn anders als die Nordstaaten hatten sich die Südstaaten damals hartnäckig der Abschaffung der Sklaverei widersetzt, und so kann man General Lee auch als einen Verteidiger der Sklaverei betrachten. Ist der Mann also ein Schandfleck? Muss man ihn von seinen Sockeln und Säulen herunterholen?

Das Gesuch der schwarzen Schülerin wurde im Stadtrat von Charlottesville heftig diskutiert. Es kam zu Demonstrationen und Gegendemonstrationen, und beide Seiten werden für ihre Ansicht gute Gründe gehabt haben. Ich war nicht dabei, aber ich könnte mir denken, dass etwa Folgendes vorgebracht wurde. Vonseiten der Verteidiger: Mit einem Denkmal wird nicht die vorbildliche Moral einer Persönlichkeit gewürdigt, sondern ihre historische Leistung, und General Lee war ein außergewöhnliches militärisches Talent. Ausgerechnet von einem Kriegshelden zu erwarten, dass er es allen recht macht, ist naiv und unrealistisch. Aus Sicht der Südstaaten hat der Mann seine Verdienste, und seine persönliche Einstellung zur Sklaverei tut nichts zur Sache, zumal es im Bürgerkrieg für die Südstaaten nicht allein um das Recht ging, Sklaven zu halten – es ging vor allem um handfeste wirtschaftliche Interessen und kulturelle Gegensätze. Im Übrigen ist der Bürgerkrieg eine historische Realität, mit der man sich auseinandersetzen muss, wenn man die USA verstehen will. Ein General-Lee-Denkmal hält die Erinnerung daran wach; auch deshalb muss es bleiben.

Und jetzt die Gegenargumente: General Lee symbolisiert die dunkelste Schattenseite der USA, die Sklaverei. Jedes Standbild von ihm weckt die Erinnerung an Demütigungen und Grausamkeiten ohne Zahl, unzumutbar für die schwarze Bevölkerung des Landes. Diese Wunde kann nicht verheilen, solange noch irgendetwas an jene finstere Zeit erinnert, also gebieten Respekt und Mitgefühl, General Lee in der Versenkung verschwinden zu lassen.

Man sieht: Für den Erhalt dieser Statuen sprechen Gründe, die einer nüchternen Rationalität entspringen, für ihren Abriss sprechen eher emotionale Argumente. Beides gegeneinander abzuwägen ist schwierig, aber der Stadtrat von Charlottesville sah sich gezwungen, zu einem Urteil zu kommen. Ein Jahr später wurde dem Antrag der Schülerin stattgegeben – die Bronzestatue des Generals Lee wurde von ihrem Sockel geholt, auf dem sie fast hundert Jahre lang gestanden hatte, um sie in einem Depot verschwinden zu lassen. Der Stein des Anstoßes war damit beseitigt. Nur dass mit einem Mal immer mehr solcher Steine auftauchten.

Im Endeffekt war diese Aktion der Startschuss zur Demontage zahlreicher Denkmäler überall in den USA. In Charlottesville wurde gleich noch das Standbild eines anderen Südstaatengenerals abgeräumt, nämlich das von Thomas Jackson, und in derselben Stadt traf es wenig später eine dritte Statue, welche die Forschungsreisenden Meriwether Lewis und William Clark zeigte. Diese beiden hatten 1804 im Auftrag des amerikanischen Präsidenten eine zweijährige Expedition an den Pazifik unternommen und sich dabei der Hilfe von Sacajawea, einer Indianerin vom Volk der Schoschonen, als Pfadfinderin bedient, die der Bildhauer auch korrekt zusammen mit Lewis und Clark abgebildet hatte. Diese Skulptur war nun ebenfalls nicht mehr zumutbar, und im selben Stil ging es weiter. Das gleiche Schicksal widerfuhr in der Folgezeit einer ganzen Reihe von Kolumbus-Denkmälern in New York, auch sie verschwanden in der Versenkung, und während ich dies schreibe, wird zum Beispiel erwogen, eine Bronzeskulptur von Thomas Jefferson aus der New Yorker City Hall zu entfernen.

Als Letzten auf der Liste untragbarer historischer Persönlichkeiten will ich noch Präsident Theodore „Teddy" Roosevelt erwähnen. Sein Denkmal am westlichen Eingang des Central Parks in New York zeigt ihn hoch zu Ross, flankiert von einem Schwarzen zur Linken und einem Indianerhäuptling zur Rechten, und es soll ebenfalls verschwinden – die jüngst angebrachte Warntafel genügt den Ansprüchen der „Black Lives Matter"-Bewegung jedenfalls nicht. Dort steht zu lesen: „Einige sehen die Statue als heroische Gruppe, andere als Symbol der Rassenhierarchie", was immerhin noch zwei unterschiedliche Standpunkte zulässt. Den Vertretern von „Black Lives Matter" aber ist dies ein Standpunkt zu viel, sie bestehen auf der Beseitigung des Roosevelt-Denkmals, und jetzt frage ich mich: Was ist so unerträglich an Meriwether Lewis, William Clark, Kolumbus, Thomas Jefferson und Präsident Roosevelt, dass sich die Menschheit ihrer nicht mehr erinnern soll?

Gehen wir der Reihe nach vor. Was wäre an den beiden Forschungsreisenden Lewis und Clark auszusetzen? Ihrer Expedition an den Pazifik lag ein naturkundliches, aber auch ein militärisches Interesse zugrunde, vielleicht kann man schon daran Anstoß nehmen. Angriffspunkte bietet aber auch das Denkmal selbst, denn Lewis und Clark sind hier aufrecht stehend mit stolz geschwellter Brust dargestellt, den Blick in die Ferne gerichtet, während ihre indianische Führerin neben ihnen kauernd mit ihren Augen den Boden absucht. Gut, könnte man sagen, sie ist eben in ihrer Rolle als Pfadfinderin abgebildet, aus ihrer geduckten Haltung ist keine Verächtlichmachung abzulesen. Aber wird sie hier nicht in einer dienenden Rolle dargestellt? Und könnte man sie in dieser Rolle nicht gar als Verräterin an ihrem Volk, ja an den Ureinwohnern Amerikas überhaupt verstehen? Beschleunigte sie nicht den Vorstoß der Europäer nach Westen? Ein beunruhigender Gedanke – und damit ein unerträglicher? Sollte man also auch diese Episode lieber aus der amerikanischen Geschichte streichen?

Kommen wir zu Kolumbus. Das Urteil über ihn fällt leicht. Aus europäischer Sicht ist er der Entdecker Amerikas und damit eine Gestalt von größter historischer Bedeutung. Wechseln wir den Standpunkt, müssen wir allerdings zugeben: Mit ihm fing das Unglück der amerikanischen Ureinwohner an. Er öffnete das Tor für all jene Europäer, die den amerikanischen Kontinent später mit Sklaverei und Kolonialismus überzogen. Gehört er deshalb ebenfalls aus der Öffentlichkeit verbannt? Haben wir die indigenen Völker Nordamerikas lange genug mit unseren Kolumbusstatuen provoziert? Oder darf man darauf hinweisen, dass der Seefahrer Kolumbus kaum für die Indianerpolitik der US-amerikanischen Regierungen verantwortlich zu machen ist? Ich befürchte: Ein Denkmal hätte Kolumbus aus heutiger Sicht wohl nur dann verdient, wenn er Amerika nicht entdeckt hätte. So gesehen wäre – überspitzt gesagt – zu überlegen, ob nicht all jene ein Denkmal verdient haben, die im 15. Jahrhundert lieber zu Hause geblieben sind, statt den Atlantik zu überqueren. Auf der sicheren Seite allerdings wäre man wohl nur dann, wenn grundsätzlich niemand mehr ein Denkmal bekäme.

Und damit zur Bronzestatue von Thomas Jefferson in der New Yorker City Hall. Es lohnt sich, etwas ausführlicher auf diesen Mann einzugehen, denn die Liste seiner Verdienste ist lang. Er galt bis vor Kurzem als eine der Lichtgestalten des ausgehenden 18. und frühen 19. Jahrhunderts. Jefferson war einer der Gründungsväter der Vereinigten Staaten, Mitverfasser sowohl der Unabhängigkeitserklärung als auch der Erklärung der Menschenrechte, Sympathisant der Französischen Revolution, ein Aufklärer und Menschenfreund, als Diplomat unermüdlich zwischen Nordamerika und Frankreich unterwegs.

Manchen hat er während der Terrorphase der Französischen Revolution vor der Guillotine bewahrt, und eigentlich sollte man meinen, es könne auf dieser Welt gar nicht genug Thomas-Jefferson-Statuen geben. Und doch – ein Makel lässt sich an ihm entdecken: Er war nicht vollkommen. Nicht einmal er, denn wie George Washington beschäftigte auch Jefferson auf seinem Landgut schwarze Sklaven. Und das reicht für eine Verurteilung? So sieht es aus. Moralwächter lassen nur Makellosigkeit durchgehen. Spätestens jetzt zeigt sich: Wie vor einem Gericht zählen auch vor dem Tribunal der Moralwächter nicht die Verdienste eines Angeklagten, sondern allein seine Fehltritte. Es interessiert deshalb auch nicht, dass der Stifter dieser Skulptur ein jüdischer Marineoffizier war, der Jefferson damit seinen Dank für dessen Toleranz in religiösen Dingen abstatten wollte – Jefferson muss weg.

Hier wird meiner Meinung nach eine Grenze überschritten. An diesem Punkt scheint mir berechtigte, oder sagen wir verständliche Empörung in moralische Selbstgerechtigkeit umzuschlagen. Von nun an wird jedenfalls alles Abwägen und Argumentieren schwierig, Gefühle behalten das letzte Wort, und so dürfte auch das Theodore-Roosevelt-Denkmal am Central Park nicht mehr zu retten sein.

Was hat er sich zuschulden kommen lassen?

Wenig sollte man meinen. Roosevelt besaß keine Sklaven, und seine Politik als Präsident der Vereinigten Staaten (1901 bis 1909) ließ ihn bisher gut dastehen. Er betrieb eine arbeiterfreundliche Sozialpolitik, setzte sich leidenschaftlich für den Umweltschutz ein und erhielt 1906 als erster Amerikaner den

Friedensnobelpreis zugesprochen. Aber wieder fallen Verdienste nicht ins Gewicht. Beunruhigend und damit unerträglich findet die „Black Lives Matter"-Bewegung an seiner Statue seine Begleiter, den Schwarzen zur Linken und den Indianerhäuptling zur Rechten. Es fällt nicht leicht, in dieser Konstellation eine Beleidigung von Afroamerikanern oder amerikanischen Ureinwohnern zu sehen, die beiden Begleitfiguren treten selbstbewusst auf – trotzdem fand New Yorks Bürgermeister De Blasio, die Statue stelle Schwarze und indigene Völker als rassisch minderwertig dar. Wahrnehmbar ist davon nichts, aber der Argwohn braucht keine Beweise. Hätte der Bildhauer in diesem Fall also besser auf die Darstellung der Begleitfiguren verzichtet? Oder hätte es genutzt, einem von beiden den Platz in der Mitte zu überlassen?

So viel zu dem allmählichen Verschwinden von Denkmälern in den USA. Nun hat der Geist des Ausmerzens, des Brandmarkens und Tilgens auch in Europa Einzug gehalten, und da es weder hier bei uns noch jenseits des Atlantiks beim Demontieren von Denkmälern bleibt, werde ich jetzt auch unerwünschte Bilder einbeziehen. Ich will es bei zwei Beispielen belassen, denn die Logik des Ausmerzens ist immer dieselbe: Auf Moralwächter wirkt irgendetwas beunruhigend, also verstörend, also verletzend – folglich ist es unerträglich.

Nehmen wir einen Vorfall aus dem Vereinigten Königreich. Dort, und zwar in Oxford, verlangten die Studenten des Magdalen Colleges im Juni 2021, das Porträt der Queen abzuhängen. Diese Forderung war nicht ganz leicht zu rechtfertigen, aber … Hatte sich Elizabeth 1952 nicht gerade in einem afrikanischen Land aufgehalten, als sie vom Tod ihres Vaters erfuhr? Gewiss, in späterer Zeit ist sie kaum noch unangenehm aufgefallen, aber sprach der Afrikaaufenthalt der 25-jährigen Elizabeth nicht eindeutig für ihre Verstrickung in den Kolonialismus? Die Studenten hatten mit der Lupe gesucht und waren fündig geworden … Etwas plausibler zu begründen war die Forderung, auch das Bild ihres Gatten Prinz Philipp vom Campus zu verbannen, dem sich leicht Hunderte von sexistischen Bemerkungen nachweisen lassen. Das studentische Gewissen war jedenfalls nur durch die Entfernung der Monarchenporträts zu beruhigen, und wie reagierte die Universitätsleitung? – Sie entschuldigte sich bei ihren Studenten für den zugefügten Schmerz und hängte die Bilder ab.

Nachrichten dieser Art erreichen uns heute fast täglich. Mittlerweile habe ich das Gefühl, in einer einzigen großen Gedankenwäscherei, einer interkontinentalen Reinigungsanstalt für Worte, Bilder und Ideen zu leben. Unglaublich, wer alles in Misskredit gebracht werden kann – und aus welchen Gründen! Nehmen wir als letztes Beispiel den Fall des berühmten englischen Malers William Turner.

Dessen Gemälde „Das Sklavenschiff" zeigt Afrikaner, die von der Schiffsbesatzung ins Meer geworfen wurden. Es darf wohl als flammender Protest gegen die Unmenschlichkeit des Sklavenhandels verstanden werden. Neuerdings aber steht Turners moralische Integrität infrage, denn – allem Anschein nach besaß er Anteile an einer jamaikanischen Rinderfarm, auf der Sklaven eingesetzt wurden, und nicht nur das: War ihm denn nicht bewusst, dass er mit dem dampfbetriebenen Sklavenschiff auf seinem Gemälde jene Emissionen verherrlicht, die letztendlich zu Erderwärmung und Klimawandel führen werden? Nein, lupenrein war auch William Turner nicht, und ich fürchte, dass keine Museumsleitung künftig über seine Verfehlungen stillschweigend hinweggehen kann.

Damit will ich es gut sein lassen. Die Liste der Beispiele ließe sich endlos fortsetzen, aber wir sehen bereits, wohin ungebremster Moralismus führt. Und schon jetzt lässt sich sagen: Die Moralwächter behalten sich das Recht vor, jeden vor ihr Tribunal zu zitieren. Bisher war nur von historischen Gestalten die Rede, im Prinzip aber kann es jeden treffen, denn jedem ist alles zuzutrauen. Keiner ist ohne Sünde. Niemand ist vollkommen.

Und damit haben sie recht. General Lee und Thomas Jefferson waren nicht vollkommen. Kein Mensch war je vollkommen. Und es stimmt auch, dass die zurückliegenden Jahrhunderte und Jahrtausende angefüllt sind mit Blutvergießen und furchtbaren Beispielen erlittenen Unrechts. Aber noch nie ist es Menschen eingefallen, Blutvergießen und Unrecht für die ganze Wahrheit zu halten. Noch nie haben Menschen menschliches Leben in seiner unendlichen Fülle, mit all seinen Schattierungen zwischen selbstloser Menschenfreundlichkeit und Zerstörungswut, auf das Böse reduziert. Straf- und Bußprediger hat es zu allen Zeiten gegeben, aber noch keiner ist auf die Idee verfallen, die Menschheit als Ganze zum Übel zu erklären, von den frühesten Zeiten an bis zum heutigen Tag.

Wenn die Moralwächter Gegenwart und Vergangenheit zur Rechenschaft ziehen, kann das nur heißen: Sie nehmen die

Welt gar nicht zur Kenntnis. Sie wollen sich nicht mit ihr auseinandersetzen. Sie ignorieren selbst einfachste Wahrheiten. So sollte sich zum Beispiel herumgesprochen haben, dass unterschiedliche Zeiten unterschiedliche Ansichten hervorbringen. Kein Mensch ist klüger als seine Zeit, keiner hat gleichzeitig Vergangenheit, Gegenwart und Zukunft im Blick, alles Wissen und Glauben ist beschränkt und zeitgebunden. Irrtum und Wahrheit, Menschlichkeit und Barbarei sind über die Jahrhunderte gleichmäßig verteilt, und dass man hinterher immer klüger ist, trifft auf die Menschheitsgeschichte nicht zu – es kommt vor, dass andere vor uns bedeutend klüger waren als wir. Wer alles Bisherige in Bausch und Bogen verurteilt, bildet sich ein, über den Dingen zu schweben. Er leidet unter Berührungsangst mit der Wirklichkeit. Er befürchtet, sich zu verletzen, wenn er mit dieser Wirklichkeit in Kontakt kommt. Aber soll die Verletzungsangst künftig den Ausschlag dafür geben, was ausgelöscht werden muss, was bleiben darf?

6. HEILIGER LEICHTSINN

Entspannt euch! Auf diese kurze Formel könnte man Jesu Botschaft in der Anfangszeit bringen. Natürlich ist es nicht seine einzige Botschaft, und später wird er deutlich ernstere Töne anschlagen, aber zunächst verströmt er vor allem eins: die Leichtigkeit des Seins. Zu dieser Lebenseinstellung braucht man Humor – besaß Jesus Humor?

Da bin ich sicher. Und ich glaube, er lässt sich in seinem Wortwitz auch nachweisen, in seinen drastisch-plastischen Sprachbildern. Das Wortspiel „Menschenfischer" wurde schon erwähnt. Es lassen sich aber noch mehr kraft- und humorvolle Aussprüche entdecken, zum Beispiel in der Bergpredigt, wenn er seine Zuhörer ermuntert, sich zu engagieren. Er sagt dann: Man muss euch aus dieser Welt herausschmecken, wie man das Salz aus der Suppe herausschmeckt, denn – „Kein vernünftiger Mensch würde eine Kerze anzünden, um dann einen Eimer draufzusetzen!" (Scheffel, übersetzt Luther). Und wenn er die Reichen aufs Korn nimmt, weil sie am Geld kleben, lautet das bei ihm so: „Eher zwängt sich ein Kamel durch ein Nadelöhr, als dass sich ein Reicher fürs Reich Gottes gewinnen lässt." Das ist nicht ohne Witz formuliert.

Manchmal mischt sich Sarkasmus in seinen Humor. Bekanntlich ist er auf Pharisäer nicht gut zu sprechen, sie bekommen immer wieder ihr Fett ab, und einmal vergleicht er sie mit Gräbern. Was haben beide gemeinsam? Äußerlich, sagt er, sind beide schön gepflegt, aber in ihrem Inneren häuft sich der Abfall! Charmant ist das nicht, aber auf überspitzte Formulierungen versteht er sich. Und vielleicht sollte man an dieser Stelle auch den Beinamen erwähnen, den er den Brüdern Jakob und Johannes verleiht. „Donnersöhne" nennt er sie, und das sitzt, das passt zum überschäumenden Temperament der beiden Jünger, wie folgende Episode zeigt: Eines Tages schickt er sie voraus, um im nächsten Dorf Nachtquartiere zu organisieren. Man will die Jesusleute dort aber nicht haben. Später berichten sie ihm von diesem Fehlschlag – und regen in aller Unschuld an, die widerspenstigen Dorfbewohner zur Strafe zu bombardieren! Natürlich sagen sie nicht „bombardieren". Sie sagen: „Wir könnten Feuer vom Himmel fallen lassen und das Dorf auslöschen …", aber das läuft aufs selbe hinaus. Und jetzt hört der Spaß für Jesus auf. Von den Donnersöhnen lässt er sich sonst manches bieten, aber das geht nun doch zu weit. „Er fuhr sie an", ist zu lesen.

Diese Momentaufnahmen vermitteln uns schon einen Eindruck von seiner Sprache, und sie ist bildhaft, lebendig, mit Humor gewürzt. „Viele Leute hörten ihm gern zu", schreibt Markus, und man glaubt es. Im 18. Kapitel des Lukasevangeliums findet sich sogar ein regelrechtes Kabinettstückchen, eine beinahe komödiantische Nummer: Als abschreckendes Beispiel für Selbstgerechtigkeit lässt Jesus dort in einer kurzen

Geschichte einen Pharisäer auftreten. Dieser Pharisäer steht im Tempel und betet, wahrscheinlich für alle gut sichtbar, die Augen gen Himmel verdreht, und prahlt vor Gott mit seinem vorbildlichen Lebenswandel. Jesus stellt ihm einen Steuereintreiber gegenüber, einen verachteten Menschen, der mit gesenktem Kopf abseitssteht und ebenfalls betet. Nun höre man sich an, was Jesus dem Pharisäer als Gebet in den Mund legt – ein peinliches Loblied auf sich selbst. Er zählt nämlich Gott seine Verdienste auf. Er dankt ihm, dass ihm der Rest der Menschheit in puncto Frömmigkeit nicht das Wasser reichen kann, dieser Dreckskerl von Steuereintreiber da hinten schon gar nicht … Kurzum, er versucht tatsächlich, Gott zu beeindrucken, und man hat das Gefühl: Jesus liefert hier die Karikatur eines Pharisäers. Dieser Mann ist die Selbstgefälligkeit in Person, und seine Zuhörer werden an dieser Stelle herzlich gelacht haben. Hat Jesus ihn vielleicht obendrein nachgemacht? Hat er seine eitle Gestik, seine blasierte Mimik imitiert? Möglich wär's. Ernst wird es jedenfalls erst wieder, als Jesus am Ende zum Gebet des Steuereintreibers kommt. „Gott, sei mir Sünder gnädig", sagt er. Das ist alles, kein Wort mehr, aber es ist erschütternd ehrlich. Jesus mag diese erschütternd Ehrlichen. Mit Überheblichen allerdings kennt er kein Erbarmen.

Bei einer Gelegenheit hört man Jesus sogar lachen. Selbstverständlich wird dieses Lachen selbst nicht erwähnt, ein Lachen wird in der Literatur überhaupt selten verzeichnet, aber man hört ihn gewissermaßen zwischen den Zeilen lachen, und zwar über die Schlagfertigkeit einer Frau.

Jesus hat Galiläa in Richtung Phönizien verlassen, ausnahmsweise ohne großen Anhang, nur in Begleitung der Zwölf. Man ist jetzt in der Fremde, der Tag war lang, nach einer anstrengenden Wanderung freut man sich auf einen ruhigen Abend, da taucht eine Frau auf – sie hat eine kranke Tochter daheim und will, dass Jesus sie heilt. Aber Jesus will nicht. Er ist nicht in der Stimmung. Er ist todmüde. Er beachtet sie gar nicht, nur – die Frau lässt nicht locker. Sie heftet sich an seine Fersen und jammert und bettelt, bis es den Jüngern zu viel wird – „Nun unternimm doch was!", fordern sie Jesus auf. „Ich bin nur zu den verlorenen Seelen Israels gesandt, und hier sind wir in Phönizien", entgegnet er. Doch schließlich hat auch Jesus von dieser lästigen Person genug und spricht sie an: „Tut mir leid, liebe Frau, aber ich werde nicht den Kindern das Brot wegnehmen, nur um die Hunde damit zu füttern." Das ist grob, das sollte reichen, aber es reicht nicht. Die Frau baut sich vor ihm auf und antwortet: „Ja, verstehe ich. Aber die Hunde essen doch auch die Krümel, die den Kindern beim Essen unter den Tisch fallen!" Und das sitzt. Jetzt höre ich ihn lachen. Alle Achtung, wird er gedacht haben – gut gekontert. Diese Frau ist nach meinem Herzen, die weiß mich zu nehmen, der kann ich doch jetzt unmöglich …

Kurz und gut, Jesus erfüllt der Frau ihren Wunsch, denn Schlagfertigkeit wird bei ihm belohnt. Vielleicht allerdings hat er auch über sich selbst lachen müssen, denn kurz zuvor noch hatte er seinen Jüngern erklärt: „Wenn ihr Gott um etwas bittet, dann seid hartnäckig. Lasst euch nicht entmutigen, macht so lange weiter und lasst Gott keine Ruhe, bis er euch erhört." Und nun diese Frau, der man das nicht erst zu sagen braucht …

Da wir gerade beim Lachen sind: Sogar komische Wunder gibt es. Zumindest Wunder, die aus dem Ruder laufen, und bei dem Folgenden wäre man zumindest als Zuschauer wahrscheinlich in Lachen ausgebrochen.

Es fängt damit an, dass Jesus in einem Gräberfeld am Uferhang des Sees Genezareth auf einen gewalttätigen Geistesgestörten trifft. Er treibt ihm seine Dämonen aus, der Mann kommt wieder zur Vernunft, aber jetzt stellt sich die Frage: Wohin mit den ausgetriebenen Dämonen? Die lösen sich ja nicht in Luft auf, aber da weidet eine Schweineherde in der Nähe (wir sind dort auf heidnischem Gebiet), und nun kommt es zu einer burlesken Szene: Jesus erlaubt diesen offenbar hochaggressiven Dämonen, in die Schweine zu fahren, und im nächsten Moment stürzt sich die ganze Herde wie von der Tarantel gestochen laut grunzend hangabwärts, um sich im aufgewühlten Wasser des Sees zu ersäufen. Ob das Dämonenproblem damit gelöst ist, weiß ich nicht, aber wer dabei gewesen ist, hat eine turbulente Minute von derber Komik erlebt. Dass die geschädigten Schweinebesitzer hinterher ankommen und Jesus inständig bitten, ihr Gebiet zu verlassen – auch das wird man als Leser mit einem Lächeln quittieren. Ob Jesus gelacht hat? Seine Jünger bestimmt. Und alle zusammen können sie froh sein, mit heiler Haut da rausgekommen zu sein. Heutzutage würde sofort ein Rechtsanwalt eingeschaltet.

So, genug. Was ich sagen will: Mit Jesus erlebt man was. Schon als Leser der Evangelien erlebt man was – wie sehr wird er dann seine Jünger, seine Mitmenschen in Atem gehalten haben. Und was man erlebt, ist das pralle Leben, eben deshalb, weil Jesus ist, wie er ist: unerschrocken, nie um Worte verlegen, ständig in Aktion. Sicher ist, dass bei ihm gelacht werden durfte. Vor allem aber, und das ist wichtiger: Bei ihm durfte aufgeatmet werden. Und damit kommen wir zu seinen Ideen, zu seinen Vorstellungen von einem richtigen und guten, einem anderen Leben. Zu dem, was er eigentlich will.

In vielen seiner Reden muss etwas im Vordergrund gestanden haben, das ich als seinen heiligen Leichtsinn bezeichnen möchte. Wohl wissend, dass er es überwiegend mit einfachen Leuten und armen Schluckern zu tun hat, fordert Jesus seine Zuhörer auf, das Leben leicht zu nehmen. Quält euch nicht mit alltäglichen Sorgen, sagt er. Zerbrecht euch nicht den Kopf darüber, woher am nächsten Tag das Essen für euch und eure Kinder kommen soll. Fragt euch nicht, ob das Geld für neue Kleidung reichen wird, belastet euch am besten gar nicht mit Gedanken an die Zukunft. Schätzt euch einfach glücklich, dieses Leben und diesen Leib zu haben, und konzentriert euch auf das, was jeder neue Tag bringt ... Er muss immer wieder darauf zurückgekommen sein, denn dieses Motiv taucht in den Evangelien fünfmal auf. Diese Unbekümmertheit, diese Unbeschwertheit scheint für ihn die Voraussetzung zu sein für die Freiheit, die er verkündigt.

Und dann kommt er mit Vorbildern für jene Unbekümmertheit, die er meint, und greift dabei zu Beispielen aus der Natur. „Schaut euch die Vögel an", sagt er. „Sie säen nicht, sie ernten nicht, sie legen sich keine großen Vorratslager an,

trotzdem fehlt es ihnen an nichts. Warum? Weil Gott sie er-
nährt. Oder schaut euch die Lilien an. Keine von ihnen spinnt
und webt, aber alle sind prächtig gekleidet. Also, lasst euch
nicht verrückt machen. Dadurch, dass ihr in ständiger Sorge lebt, wird's auch nicht besser." Mit anderen Worten: In
dieser wunderbaren Welt um euch herum sind Sorgen unbe-
kannt. Hier macht keiner Pläne, hier läuft keiner mit hängen-
dem Kopf und sorgenzerfurchter Stirn herum; die Natur, die
Schöpfung weiß nichts von Existenzsicherung – alles verlässt
sich auf seinen Schöpfer.

Eine Aufforderung zum Müßiggang? Sicher nicht. Jesus
selbst lebt ja nicht in den Tag hinein. Aber eine Aufforderung
zur Gelassenheit. Und vor allem eine Aufforderung zum Glauben. Aber zu einem anderen, als seine Zuhörer bisher kennen.

Denn der bisherige Glaube ist der der Pharisäer und Schriftgelehrten. Es ist ein alter Glaube. Er ist mit Jahrhunderten von
Tradition befrachtet. Mit seinem ausufernden Regelwerk, seinen zahlreichen Ritualen, Bestimmungen und Einschränkungen lastet er schwer auf den Gläubigen – ganz abgesehen vom
Heer der Aufpasser, das ihre Einhaltung im Alltag kontrol-
liert. Im Grunde funktioniert dieser Glaube ähnlich wie ein
Staat, wo man sich auch an die Gesetze halten muss. Jesus aber
schwebt etwas ganz anderes vor, nämlich ein Glaube, der auf
alle Vorschriften verzichten kann.

Man darf sich Gott nicht als Gesetzgeber vorstellen und
auch nicht als Richter – darauf laufen alle seine Reden hinaus. Man muss sich Gott vielmehr als Vater vorstellen. Und
wie man von einem Vater erwarten darf, dass er sich um seine

Kinder kümmert, so dürfen wir uns darauf verlassen, dass Gott uns ein Leben lang beisteht. Natürlich muss der Mensch essen, natürlich braucht er etwas zum Anziehen (viel mehr braucht er allerdings nicht), aber kein Mensch braucht sich darüber von morgens bis abends den Kopf zu zerbrechen, wenn er sein Schicksal bei Gott in guten Händen weiß. Vertraut ihm einfach. Vertraut ihm in jeder Lebenslage, und ihr werdet erleben, dass das Unmögliche plötzlich möglich ist.

Das glaubt Jesus wirklich. Das ist sein Glaube, und das ist beinahe schon alles. Es wird noch einiges nachkommen, ganz so einfach ist die Sache nicht, aber damit fängt es an: Mit einem Glauben, der pures Vertrauen ist, Urvertrauen, Gottvertrauen. Und für diesen Glauben gibt es keine Vorschriften und keine Gesetze. Vertrauen genügt – es kann Berge versetzen, oder, wie es im 9. Kapitel des Markusevangeliums heißt: „Alles ist möglich dem, der glaubt." Wovon er seine Zuhörer also überzeugen will, ist kurz gesagt: Als Mensch brauche ich mir über die Zukunft genauso wenig Gedanken zu machen wie Vögel und Blumen.

Es gibt eine Bevölkerungsgruppe, die schon in diesem Glauben lebt. Es sind die Kinder, das schwächste Glied in der Kette der Generationen. Sie haben in der Gesellschaft und im Staat nichts zu sagen (genauso wie die meisten seiner Zuhörer), sie werden nicht einmal ernst genommen, sie sind vollständig machtlos, sie können gar nicht anders, als ihren Eltern zu vertrauen – und hoffen, dass es gut geht. Aber genau daher rühren ihre Unbefangenheit, ihre Unbeschwertheit, ihr Leichtsinn – sie gehen einfach davon aus, dass für sie gesorgt wird.

Jesus wird nicht müde, sie seinen Jüngern als Vorbilder hinzustellen. Er reagiert ungehalten, wenn sie die lästigen Kleinen verjagen wollen, er nimmt sie in den Arm und segnet sie, wenn sie an der Hand ihrer Mütter mal wieder im größten Trubel vor ihm stehen.

Und noch etwas: Kinder sind frei. Sie sind frei, weil sie die Spielregeln der Gesellschaft noch nicht kennen. Man lässt sie noch in Ruhe mit all den Vorschriften, die das Leben der Erwachsenen so kompliziert machen. Jesus erkennt sich in ihnen wieder. Sein Glaube ist von ähnlicher Art wie ihre Unbefangenheit, beinahe kindlich. Problematisch ist allerdings, dass er selbst die Unbekümmertheit lebt, die diese Kinder verkörpern. Und noch problematischer ist, dass er sich selbst die Freiheit herausnimmt, die er an ihnen liebt.

7. SPIELVERDERBER

Einen Fresser und Säufer nennen sie ihn. Natürlich ist ihm das bekannt. Und jetzt überlegt Jesus laut, weshalb ihn seine Gegner so wütend attackieren. „Spielverderber sind wir für sie", sagt er. Ich stelle mir vor, dass er dabei mit seinen Jüngern abseits aller menschlichen Behausungen auf einem Hügel mit Blick auf den See im Gras sitzt. „Wir sind Spielverderber, weil wir nicht nach ihrer Flöte tanzen. Wir machen immer das Gegenteil von dem, was sie von uns erwarten. Wenn sie lustig sind, bleiben wir ernst; wenn es für sie ernst wird, haben wir unseren Spaß." Und nach einer Weile: „Zum Beispiel: Johannes (der Täufer) legte aufs Essen keinen Wert, der lebte asketisch, und das machte ihn diesen Leuten schon verdächtig. Jetzt komme ich, lebe alles andere als asketisch, und prompt werfen sie mir vor, ich sei ein Fresser und Säufer. Man kann es diesen Leuten nicht recht machen." Dass er es auch gar nicht will, bleibt an dieser Stelle ungesagt.

Und es stimmt ja, die Jesusleute lassen es sich gutgehen. In welcher heiligen Schrift ist so häufig von Essen und Trinken die Rede wie in den Evangelien? Kaum hat sich ihnen der begüterte Matthäus Levi angeschlossen, wird das mit einem Festessen in seinem Haus gefeiert. Auch sonst ist Jesus nicht dafür bekannt, Essenseinladungen auszuschlagen. Sobald sie ihm ein Abendessen in Aussicht stellen, vergisst er sogar seine Aversion gegen Pharisäer und nimmt dankend an. Mal beobachten wir seine Jünger beim Beschaffen von Proviant, mal erleben wir die ganze Truppe im Haus einer wohlhabenden Frau, wie sie sich von der Hausherrin bekochen lässt. Beim letzten Abendmahl vor seiner Verhaftung ist man als Leser sogar mit dabei, und selbst der Auferstandene denkt als Erstes ans Frühstück, als er seine Jünger am See Genezareth wiedertrifft. Da wundert einen nicht mehr, dass Markus an zwei Stellen eigens erwähnt, Jesus sei wegen des ständigen Kommens und Gehens nicht zum Essen gekommen … Und schließlich: Im Vaterunser kommt die Bitte ums tägliche Brot noch vor der Bitte um die Vergebung der Sünden. Dass Jesus auf der Hochzeit in Kana 600 Liter Wasser in Wein verwandelt, obwohl die Gäste schon einen nennenswerten Grad an Trunkenheit erreicht haben (ein beliebtes Wunder auch bei unseren weniger gottesfürchtigen Zeitgenossen), sei hier nur ganz nebenbei erwähnt.

Also, zu darben braucht man bei Jesus nicht, Essen und Trinken wird großgeschrieben. Das passt natürlich zu jemandem, der nicht nur Wein trinkt, sondern auch Wein predigt. Aber einen Heilsbringer haben sich viele anders vorgestellt. Was soll das denn heißen, wenn er sich hinstellt und ausruft: „Alle, die unter einer Zentnerlast keuchen, alle, die sich tagtäglich damit abmühen und abquälen – kommt zu mir! Bei mir könnt ihr euch erholen! Ich bin sanftmütig! Bei mir werden eure Seelen Ruhe finden! Meine Last ist leicht!"

Sanftmütig? Die Sittenwächter kennen ihn anders, aber sie verstehen sehr gut. Sie hören ihm jetzt seit Monaten zu, und ihr Verdacht hat sich erhärtet: Seine Provokationen sind wohlüberlegt. Dahinter steckt eine Absicht, ein Plan, vielleicht eine Vision. Dieser Jesus will nicht nur sich selbst den Glauben leicht machen – er will auch seine Mitmenschen dazu verführen, die Religion und damit das ganze Leben leichtzunehmen. Und mit der Zentnerlast meint er sie. Meint er die hunderterlei Vorschriften und Verbote, die Pharisäer und Schriftgelehrte den Menschen auferlegen. Als wollten sie das Volk damit unterdrücken. Als hätten sie Gott damit zu einer Art Ordnungshüter gemacht, der nachzählt, wer wie oft gegen welche Vorschrift verstoßen hat. Als wäre alles überflüssig, das ganze Regelwerk, die Sabbatruhe, die frommen Handlungen, die regelmäßigen Opfer im Tempel zu Jerusalem, womöglich der Tempel selbst. Kein Wunder, dass unter den Priestern und Schriftgelehrten mancher schon um seinen Arbeitsplatz fürchtet, sollte sich dieser Mann durchsetzen.

In jedem Fall kann man sich mittlerweile ein grobes Bild von seinen Absichten machen, und seine Gegner sind beunruhigt, um das Mindeste zu sagen. Seine Unbekümmertheit, diesen heiligen Leichtsinn, deuten sie als Oberflächlichkeit und Frivolität. Für sie ist er von einem bösen, nämlich allzu lockeren Geist beseelt. Offenbar nimmt er die Religion seiner Väter nicht ernst. Es ist nun einmal so: Gott ist streng, seine Gebote sind streng, deshalb müssen auch seine Diener streng sein, aber Jesus bestreitet das. Er will davon nichts wissen, redet von Befreiung und scheut sich nicht, jeden vor aller Welt lächerlich zu machen, der seine warnende Stimme erhebt. Für sie ist er ein Wischiwaschi-Jude, also einer, der alle Theologie radikal abspeckt und damit ihre Religion verwässert. Wenn das so weitergeht, fürchten sie, wird von ihrer geistigen Heimat nichts übrig bleiben. Mit anderen Worten: Jesus will die Menschen der Sicherheit und Geborgenheit ihrer altvertrauten Religion berauben, er will sie heimatlos machen – so lautet der Hauptvorwurf.

Und, stimmt es nicht? Ist Jesus nicht geradezu die Verkörperung von Heimatlosigkeit? Sagt er sich nicht von allen Bindungen los, bricht er nicht sogar mit seiner Familie?

Doch, das tut er. Und das könnte ihn sogar bei den kleinen Leuten Sympathien kosten. Für uns Menschen des 21. Jahrhunderts lässt sich kaum noch ermessen, wie skandalös sich Jesus in diesem Punkt verhält. Wir kennen so viele Familienmodelle, die Kleinfamilie, die Kleinstfamilie, nichts davon mehr verbindlich, und nur dann, wenn wir in andere Kulturkreise hineingeraten, stellen wir staunend fest, welche Bedeutung der Familienverband dort noch hat. In Afrika, im Orient, auch in vielen anderen Teilen der Welt ist die Familie nach wie vor eine geheiligte Institution, und unsereins begreift erst mit der Zeit, wie fest das Netz der gegenseitigen Verpflichtungen innerhalb einer Familie geknüpft ist. Das heißt: Als Familienmitglied kommt man da kaum heraus. Die Familie lässt einen nie los – die geforderte Solidarität ist der Preis für die Sicherheit, die sie bietet. Auf die Familie zur Zeit Jesu trifft dasselbe zu – sie ist ein komfortables, aber ausbruchsicheres Gefängnis.

Und nun Jesus. Familie bedeutet ihm nichts. Er hat ja schon keinen Gedanken daran verschwendet, dass seine Jünger zu Hause unabkömmlich sein könnten, weil sie von ihren Familien gebraucht werden. Wo immer es darum geht, Anhänger zu gewinnen, setzt er sich über die Ansprüche von Ehefrauen und Kindern einfach hinweg. Ein junger Mann, der seinen Vater beerdigen will, bevor er sich Jesus anschließt, bekommt von ihm zu hören: „Die Toten sollen ihre Toten begraben." Einem anderen verbietet er, sich zuvor von seiner Familie zu verabschieden. Möglich, dass er selbst keinem aus seiner Verwandtschaft ein Wort gesagt hat, als er aus seiner Heimatstadt Nazareth zu seiner Mission aufbrach. Wir hören auch nichts davon, dass er seine Familie aufsucht, als er Monate später wieder in Nazareth auftaucht. Aber wir wissen, was seine Familie von ihm denkt: „Er muss wahnsinnig geworden sein." Schon sein Lebenswandel ist indiskutabel. Aber was man sich sonst noch von ihm erzählt, ist regelrecht schockierend, und in ihrer Verzweiflung beschließen seine Mutter Maria und seine Brüder eines Tages, ihn zurückzuholen, nach Nazareth. Wenn es sein muss mit sanfter Gewalt.

Sie machen ihn ausfindig. Wie üblich ist er beschäftigt und von Menschen umringt, redet, diskutiert, und da sie die Sache diskret abwickeln wollen, schicken sie jemanden zu ihm – „Deine halbe Familie wartet draußen auf dich." Und Jesus reagiert geradezu ungehalten: „Wie bitte? Wer soll das sein? Kenne ich nicht." Dann zeigt er auf seine Zuhörer: „Ihr seid meine Familie. Jeder, der den Willen Gottes tut, ist mit mir verwandt." Damit ist der Fall für ihn erledigt.

Nicht einmal an die selbstverständlichsten Spielregeln der Gesellschaft hält er sich. Später einmal werden seine Jünger ihn daran erinnern, was sie alles für ihn aufgegeben haben, nämlich Haus und Hof, Ehefrauen, Geschwister oder Eltern, und Jesus wird ihnen ausmalen, wie vielfältig sie dafür belohnt werden. Ein Wort des Mitgefühls für die zurückgelassenen Angehörigen aber kommt ihm nicht über die Lippen.

Tatsache ist: Wer aus der Familie ausbrechen will, muss mit ihr brechen. Anders wäre es nicht möglich, sich von ihr zu lösen. Außerdem braucht Jesus Mitarbeiter, die vollkommen ungebunden sind, die von allen bürgerlichen Verpflichtungen frei sind. Abgesehen davon ist er entschlossen, sich in keine irdische Abhängigkeit mehr zu begeben. Alles Festgefügte und Starre ist ihm zuwider, und seine Ablehnung aller äußeren Zwänge treibt ihn bis zu dem Punkt, an dem er selbst seiner Familie die geschuldete Ehrerbietung verweigert. Sein Aufbruch ist ein Ausbruch aus allen alten Gewohnheiten, ein großes, radikales Experiment, und entsprechend aufgewühlt ist die Stimmung unter seinen Anhängern. „Wir sind in Feierlaune", hat Jesus den Pharisäern auf ihre Proteste geantwortet. Er redet nicht nur von ihr, er strahlt diese neue Freiheit selbst aus, und seine Zuhörer, die zum ersten Mal damit Bekanntschaft machen, atmen tatsächlich befreit auf. Ein Glaube ohne Vorschriften, ein Leben ohne die ewig schwelenden Sorgen beim Gedanken an die Zukunft – sie erleben etwas Neues, Ungeahntes, Unvorstellbares, aber auch das werden sie spüren: Viele Sicherheiten brechen jetzt weg. Angst darf man nicht haben, wenn man sich auf seine Seite schlägt.

8. PANDEMIE DER ANGST

Als es 2020 mit dem ersten Corona-Lockdown losging, habe ich auf meinen Spaziergängen über unser Gelände in St. Ottilien regelmäßig die Kälbchen in ihren Ställen besucht. Sie waren weit und breit die einzigen, die sich nichts aus Corona machten. Das tat mir gut, und ich habe mich dafür bei ihnen revanchiert, ich habe ihnen jedes Mal den Gefangenenchor aus der Oper Nabucco vorgesungen. Mir war nach einem Lied, das die Freiheit verherrlicht, mir war in diesen Tagen aber auch noch nach etwas anderem: Ich wollte verstehen, wo die Angst herkam.

Wieso, fragte ich mich, hatten die Deutschen 1957 die Asiatische Grippe klag- und kommentarlos über sich ergehen lassen – eine Pandemie, der weltweit zwei Millionen Menschen zum Opfer fielen? Wieso war bei uns 1968 von der Hongkong-Grippe kein Aufhebens gemacht worden, obwohl sie insgesamt ebenfalls mehrere Millionen Todesopfer forderte? Wieso hatte die Grippewelle von 2017 mit über 25.000 Toten innerhalb eines Jahres allein in Deutschland weder Politik noch Medien aufgescheucht? Und warum beunruhigt es hierzulande kaum, dass jährlich bedeutend mehr Menschen an Krebs und Herzversagen sterben als an Corona? Wo kam jetzt plötzlich diese Angst her?

Am Virus konnte es nicht liegen. Das Coronavirus macht seine Arbeit, wie Millionen andere Krankheitserreger auch, und diese Arbeit ist nicht schön. Keine Krankheit ist schön. Aber ein Virus löst keine Panik aus, so wenig, wie es einen Lockdown auslöst. Wenn dem so wäre, müssten Krebs und Herzinfarkt eine viel größere Panik und noch umfangreichere Gegenmaßnahmen auslösen, denn – auch wenn sie nicht ansteckend sind, sterben doch deutlich mehr Menschen daran. Ein Virus könnte höchstens Ärzte und Krankenhäuser in Alarmbereitschaft versetzen, aber nicht 80 Millionen Menschen. Wer aber sehr wohl die Fähigkeit besaß, ein ganzes Land in Angst und Schrecken zu versetzen, das waren drei Institutionen: als Erstes die Medien, als Zweites die Regierung und als Drittes die beratenden Virologen. Vorausgesetzt, dass sie ihre Kräfte bündelten. Was sie taten.

Kanzlerin Merkel sprach von einer „Jahrhundertkatastrophe" und der „größten Krise seit dem Zweiten Weltkrieg" und drängte von Anfang an auf radikale Maßnahmen. Die beratenden Virologen verkündeten Tag für Tag mit tiefbesorgten Mienen: „Die Zahlen steigen. Es ist schlimm, und es wird noch schlimmer kommen." Und die Medien entfachten ein Corona-Feuerwerk aus Hiobsbotschaften, das gar nicht enden wollte. Kaum eine Zeitung, die Corona nicht über Monate auf der ersten Seite hatte, kaum ein Rundfunksender, der nicht alle halbe Stunde einen Corona-Beitrag sendete, kaum eine Fernsehanstalt, die nicht tagtäglich Corona-Sondersendungen,

Corona-Talkshows oder Corona-Berichte aus aller Welt aus-strahlte. Es war, als gäbe es kein anderes Thema mehr. Oder, als hätten sich Politiker, Virologen und Medien verabredet, das Volk einer Gehirnwäsche zu unterziehen.

Das Ergebnis war: Corona-Warnungen, Corona-Sicher-heitshinweise und Corona-Verhaltensregeln allüberall. Der gesamte öffentliche Raum wurde damit überschwemmt. Kein Geschäft, kein Kiosk, kein Restaurant, keine Kneipe, keine Tankstelle, keine Autobahnraststätte, keine öffentliche Toilet-te, wo uns die längst bekannten Corona-Regeln nicht immer wieder aufs Neue eingehämmert worden wären, als wäre die gesamte Bevölkerung über Nacht begriffsstutzig geworden. Kein Flughafen, kein Bahnhof, keine Haltestelle, wo wir nicht mit Penetranz darauf gestoßen worden wären, was alles verbo-ten sei, welchen Abstand wir einzuhalten und welchen Pfeilen wir zu folgen hätten. Kaum eine Plakatwand, wo wir nicht zum Anlegen eines Mund-Nasen-Schutzes aufgefordert wor-den wären – „Ich trage freiwillig Maske. Und Sie?" Keine Se-kunde sollten wir vergessen, dass eine Pandemie wütet, dass unser Leben in Gefahr ist, dass es schneller mit uns aus sein kann, als wir denken, denn – die Luft, die du einatmest, kann dich umbringen! Die Luft, die du ausatmest, kann andere um-bringen! Todesgefahr liegt buchstäblich in der Luft, aber An-fassen ist nicht weniger lebensbedrohlich. Das Berühren eines Warenkorbs im Supermarkt kann genauso böse Folgen haben wie das Anfassen eines Menschen, und ein harmloser Aufzug verwandelt sich durch Warnhinweise wie diese in eine tödliche Falle: „Kontakt mit Aufzugwänden vermeiden! Kontakt mit

Handläufen vermeiden! Möglichst kein ungeschützter Kontakt mit Bedienelementen! Hände nach jeder Aufzugfahrt waschen!" Kurzum: Wer sich jetzt nicht schützt, ist so gut wie tot.

So erzeugt man ein Klima der Angst. Das war auch beabsichtigt. Später sickerte durch, dass verschiedene europäische Regierungen es genau darauf abgesehen hatten … Die Tageszeitung Der Standard sowie andere österreichische Medien berichteten im April 2020 zum Beispiel, Bundeskanzler Sebastian Kurz habe von seiner Taskforce Corona verlangt, die Angst vor einer Ansteckung gezielt zu schüren. Der deutsche Innenminister wiederum folgte dem Rat des Robert Koch-Instituts, ein möglich drastisches Bild der Coronagefahr zu zeichnen, wie die Neue Zürcher Zeitung im Mai 2021 schrieb. Das heißt: Die Verängstigung der Bevölkerung wurde nicht in Kauf genommen, sie wurde gezielt betrieben. In der Erziehung nennt man es Schwarze Pädagogik, wenn Erzieher Kinder einschüchtern, ihnen die Folgen ihres Verhaltens in den grausigsten Farben ausmalen, sie mit schrecklichen Strafen bedrohen, um sie gefügig zu machen. In Schule und Kindererziehung sind solche Methoden längst verpönt, aber gegenüber Erwachsenen anscheinend nicht. Wer soll unter diesen Umständen die Nerven behalten?

Nun, das sollte auch niemand. Aus der Sicht einer Regierung ist Schwarze Pädagogik praktisch, denn verängstigte Menschen hat man im Griff. Wer um sein Leben bangt, lässt viel mit sich machen. Der ist gefügig. Dessen letzte Rettung ist die Regierung, und vielleicht glaubten unsere Politiker und Virologen, auch unsere Medien, diese „Jahrhundertkatastrophe" nicht anders bewältigen zu können. Vielleicht gingen alle davon aus, dass nur eine verschreckte Bevölkerung alle Maßnahmen und Einschränkungen widerspruchslos schlucken würde, so wie ein Patient in Todesangst jede Kur über sich ergehen lässt. Ihre Kampagne hatte aber noch einen zweiten Effekt, und dafür muss ich etwas weiter ausholen.

Angst ist kein schönes Gefühl. Ich wenigstens kenne keinen, der gern in Angst leben würde. Man kann wohl sagen, dass sich jeder Verhältnisse wünscht, die ihm ein angstfreies Leben ermöglichen, und auch die Regierung ist normalerweise darauf bedacht, ihren Bürgern ein Gefühl von Sicherheit zu geben. Angst macht nämlich klein und schwach und hilflos. Der Mensch verkrampft, er ist nicht mehr Herr seiner selbst, er wird mehr und mehr in die Defensive gedrängt und reagiert nur noch reflexhaft, schreckt zurück, duckt sich weg, würde sich am liebsten unsichtbar machen. In dieser Verfassung ist kein gutes Leben möglich, erst recht kein erfolgreiches. Mit anderen Worten: Angst stört ungeheuerlich – aber, wie der englische Schriftsteller J. A. Baker sagt: „Gemeinsam etwas zu fürchten, ist das stärkste Band, das es gibt." Und diese kluge Beobachtung hat sich in Coronazeiten wieder bewahrheitet.

Es ist nämlich so: Solange die Unbekümmerten und Furchtlosen in der Überzahl sind, ist Ängstlichkeit nicht wirklich gesellschaftsfähig. Die Ängstlichen werden sich daher ein bisschen für ihre Angst schämen, sie werden sich übertrieben ängstlich vorkommen und kleinlaut bekennen: „Tut mir leid, ich bin halt so, ich kann nichts dafür." Falls aber die Angst überhandnimmt, falls sich das öffentliche Reden weitestgehend um die Möglichkeit der Ansteckung und die daraus folgende Wahrscheinlichkeit des Sterbens dreht, fangen die Unbekümmerten an, sich für ihre Furchtlosigkeit zu schämen. Jetzt sind sie es, die kleinlaut werden, jetzt sind sie es, die sich aus der öffentlichen Debatte zurückziehen, denn jetzt ist es nicht mehr schicklich, keine Angst zu haben.

Und nun passiert etwas Erstaunliches: Es kommt ein Gemeinschaftsgefühl der Ängstlichen auf. Alle, die die Bedrohung genauso ernst nehmen wie ich, sind fortan meine Brüder und Schwestern. Und alle, die die Bedrohung weniger ernst nehmen, sind von nun an Spielverderber. Die Gesellschaft wird jetzt also neu sortiert, nämlich in Verbündete und in unzuverlässige Elemente, und plötzlich wollen sich alte Freunde nicht mehr kennen, plötzlich gehen Kinder auf Distanz zu ihren Eltern (oder umgekehrt). Diese Spaltung der Gesellschaft geht so weit, dass die Spielverderber jetzt für die Menge der Ängstlichen eine größere Gefahr darstellen als das Virus selbst. Zumindest geht dies aus einer Umfrage der R+V Versicherung hervor, die im Februar 2021 durchgeführt wurde: Deutlich mehr Befragte fanden damals die Vorstellung, andere könnten gegen die Lockdownregeln verstoßen, erschreckender als die Aussicht, sich mit Corona zu infizieren! Was heißt das anderes, als dass keiner mit seiner Angst allein dastehen möchte? Dass die Solidargemeinschaft der Verängstigten wichtiger ist als die eigene Gesundheit?

Dies ist der zweite Effekt, den die offizielle Corona-Informationspolitik in der Bevölkerung ausgelöst hat: Die Angst nimmt eine moralische Dimension an. Sie wird zu einer moralisch gebotenen Lebenseinstellung aufgewertet, weil sie Geborgenheit schafft, und mit einem Mal erscheint Angst attraktiv, Furchtlosigkeit hingegen als Verrat.

Angst schweißt zusammen. Wenn es so weit gekommen ist, erleben wir eine Pandemie der Angst. Der Ängstliche wird sich seine Angst jetzt nämlich nicht mehr ausreden lassen. Er wird von Entwarnung nichts mehr hören wollen. Er wird sich die Gefahr ganz im Gegenteil ernst und groß wünschen, auch weil er sonst blamiert dastände. Kurz gesagt: Er möchte von der Gefahr nicht enttäuscht werden. Deshalb muss sie gewaltig sein – seine Angst ist es ja auch.

Was die Angst auf keinen Fall will, ist abwägen, nüchtern einschätzen, wohlüberlegt handeln. Sie will nichts, was Zeit kostet, nach gründlicher Prüfung aussieht und wie Verharmlosung erscheinen könnte. Sie will, dass unverzüglich mit Kanonen auf Spatzen oder meinetwegen auf Raben geschossen wird. Sie will rigoroses Durchgreifen, drastische Maßnahmen, einschneidende Konsequenzen. Und sie ist froh, dass eine Regierung, die ausschließlich von Virologen beraten wird, genauso denkt. Jeder, der jetzt zur Vorsicht rät, der von Angemessenheit und Verhältnismäßigkeit redet, der womöglich die Gefahr relativiert, betreibt sozusagen Wehrkraftzersetzung. Der schlimmste Verdacht, der sich in Coronazeiten gegen einen Menschen richten kann, ist der der Verharmlosung. Hätte man es von Anfang an mit sachlicher Aufklärung versucht, wäre es wohl nicht so weit gekommen. Aufklärung hätte einer Demokratie auch besser angestanden als Schreckensszenarien zu entwerfen – gerade weil man zu Beginn der Pandemie noch wenig über das Virus wusste.

Mit anderen Worten: Die Angst hat ihre eigene Logik, und sie macht sich ihre eigenen Regeln. Um ein Beispiel zu nennen: Schon sehr bald nach Ausbruch der Pandemie hatten Wissenschaftler herausgefunden, dass die Ansteckungsgefahr unter freiem Himmel minimal ist, so gut wie nicht vorhanden. Die Botschaft war klar: Masken an der frischen Luft zu tragen ist allenfalls im Gedränge sinnvoll, in allen anderen Fällen droht dort keine Gefahr. Man hätte nun meinen sollen, dass diese Nachricht von allen mit Erleichterung aufgenommen und der Mund-Nasen-Schutz draußen höchstens noch in Menschenansammlungen getragen worden wäre. Dem war aber nicht so. Gegen besseres Wissen warb die Bundesregierung weiterhin auf Plakaten dafür, die Maske auch im Freien anzulegen, und weiterhin sah man viele, die sich nicht einmal auf einsamen nächtlichen Straßen, in gut durchlüfteten Parks oder als Fahrradfahrer von ihrer Maske trennen wollten. Virologen, die Entwarnung geben, verdienten offensichtlich keinen Glauben.

Nein, die Angst lässt sich nichts sagen. Sobald sie sich verselbstständigt hat, besteht sie auf ihrem Recht, und selbst Wissenschaftler sind dann machtlos. Aber wie schaffen es die Sorgloseren, der Logik der Angst zu entkommen?

9. VORSICHT, ZAHLEN!

Mit Corona brach die große Zeit der Zahlen an. Wir wurden mit Zahlen regelrecht überschüttet. Leid war plötzlich messbar geworden und drückte sich in Zahlen aus, in Inzidenzzahlen, in Hospitalisierungszahlen, in Verstorbenenzahlen. Die Medien brannten ein wahres Feuerwerk von Zahlen ab, sie erlaubten uns sogar, die Zahlen der Coronatoten in verschiedenen Ländern wie Bundesligaergebnisse miteinander zu vergleichen. Mit Zahlen wurden auch die Maßnahmen zur Eindämmung der Pandemie gerechtfertigt. Mit Zahlen wurde die Einschränkung von Freiheitsrechten begründet. Zahlen lieferten die handfesten Beweise für die „Jahrhundertkatastrophe", sie lieferten die statistische Untermauerung der Angst, sie schürten die Aufregung. Nur dass diese Zahlen doppelt irreführend waren.

Zum einen, weil es nackte Zahlen waren. Sie hingen in der Luft, sie standen für sich und besagten nur, dass Corona vielfaches Leid über die Menschheit gebracht hatte. Vielleicht ist uns dieses Leid nahegegangen, vielleicht waren wir durch den Tod eines Angehörigen sogar selbst betroffen, vielleicht hat uns dabei auch der Gedanke an die eigene Vergänglichkeit erschüttert, und insofern hatten diese Zahlen ihren Sinn. Aber über das Ausmaß der Pandemie sagten sie nichts.

Waren sie auch ein Grund, um das eigene Leben zu bangen?

Für mich nicht. Ich fand diese nackten Zahlen verdächtig. Zahlen sprechen ja erst dann zu uns, wenn sie in einen Zusammenhang gestellt werden, wenn man sie mit anderen Zahlen vergleicht, und da zeigte sich rasch: Zu normalen Zeiten sterben in Deutschland kaum weniger Menschen. Nach Ablauf des ersten Coronajahrs gab das Statistische Bundesamt bekannt, dass in Deutschland etwa drei Prozent der Infizierten nicht überlebt hatten. Wobei in dieser Rechnung all jene fehlen, die von ihrer Infektion nichts gemerkt beziehungsweise nichts gesagt hatten – nähme man sie hinzu, wäre der verhältnismäßige Prozentsatz der Coronatoten wohl geringer. Müssten uns Lungenkrebs und Lungenentzündung so gesehen nicht viel unheimlicher sein? 2020 waren bei uns immerhin mehr als dreimal so viele Menschen daran gestorben. Selbst Grippe und Krankenhauskeime hatten zusammengenommen mehr Menschen als Corona umgebracht. Am Ende der beiden Coronajahre 2020 und 2021 fiel die sogenannte Übersterblichkeit jedenfalls gering aus, rein statistisch gesehen war sie kaum der Rede wert. Unter diesen Umständen erschienen mir Vorsichtsmaßnahmen durchaus gerechtfertigt, aber Angst? Todesangst?

Und zum anderen: Dem messbaren Leid stand und steht ein Leid gegenüber, das sich nicht so einfach in Zahlen ausdrücken lässt. Ich meine das Leid, das durch die Coronamaßnahmen der Regierung ausgelöst wurde, durch Schulschließungen, das Lahmlegen des öffentlichen Lebens, das Verbot von Geselligkeit, Anteilnahme und Austausch, die erzwungene Isolation von Menschen und die Vernichtung von Arbeitsplätzen, den Bankrott von Geschäften und Betrieben. Dieses Leid lässt sich nicht messen. Es fällt deshalb nicht unter das, was die damalige Kanzlerin Merkel als Fakt zu bezeichnen pflegte. Fakt ist Fakt, hielt sie ihren Kritikern entgegen, und meinte damit jene Zahlen, die Labore, Gesundheitsämter und Virologen ihr liefern konnten – als würde sich in diesen Zahlen die ganze Wirklichkeit abbilden, als würde sich menschliches Leben im nackten Überleben erschöpfen.

Nun wäre es unsinnig, das naturwissenschaftliche Weltbild von Kanzlerin Merkel zu kritisieren. Sie hatte auch ohne Zweifel recht, in dieser Krise den Rat von Virologen einzuholen. Schrecklich falsch aber war ihre Entscheidung, ausschließlich auf deren Rat zu hören, denn Mediziner kennen nur krank oder gesund. Was sie nicht kennen, weil es nicht in ihr Ressort fällt, ist: vereinsamt und gesund, depressiv und gesund, verzweifelt und gesund, bankrott und gesund. Sie haben allein den Körper im Blick, nicht den Geist, nicht die Seele, nicht das von tausend unterschiedlichen Dingen abhängige Lebensglück. Dieses Glück aber ist genauso zerbrechlich wie der Leib, man muss sehr behutsam mit ihm umgehen, man darf deshalb sein Ohr nicht ausschließlich Virologen leihen, man hätte in dieser Krise auch andere hören müssen – Wirtschafts- und Bildungsexperten, Soziologen, Psychologen, Pädagogen –, und warum nicht auch Theologen? Vielleicht wäre einer unter ihnen gewesen, der die Kanzlerin nebenbei auf eine einfache Wahrheit aufmerksam gemacht hätte, nämlich dass die natürlichen Abwehrkräfte des Körpers mit dem Lebensglück zusammenhängen. Dass Glück diese Kräfte stärkt, Unglück sie aber schwächt und den Menschen für Viren anfällig macht.

Und Unglück war vieles in der Coronazeit. Einen Medienrummel hat dieses Unglück nicht ausgelöst, ganz verschwiegen wurde es aber auch nicht, und persönliche Berichte von Müttern, Lehrern und Ladenbesitzern vervollständigten für mich das Bild einer Politik, die für den ungewissen Erfolg den sicheren Schaden in Kauf nahm. Und dieser Schaden ist immens.

Er hat Millionen von Familien getroffen, die angesichts geschlossener Kitas, abgesperrter Spielplätze, verbotener Kontakte mit Freunden und Klassenkameraden und ausgefallenen Unterrichtsstunden unter enormen Stress gesetzt wurden. Er hat Millionen von Beschäftigten getroffen, im Einzelhandel, in der Gastronomie, die ihren Job verloren haben oder auf Kurzarbeit gesetzt wurden. Er hat Hunderttausende von Geschäftsinhabern getroffen und in den Ruin getrieben – Gaststätten, Hotels, Reisebüros, Modeläden. Selbst große Traditionshäuser mussten schließen, und wer vermag sich die schlaflosen Nächte, die Geldsorgen, das ziellose Warten und Hoffen in den endlosen Monaten des Lockdowns vorzustellen? Er hat großen Unternehmen wie Messe- und Fluggesellschaften getroffen und ihnen Millionenverluste beschert. Er hat Tausende von Künstlern getroffen, Schauspieler, Musiker, bildende Künstler, die sich ohne Auftritte, ohne Ausstellungen irgendwie über Wasser halten mussten. Er hat Millionen von Schülern und Studenten getroffen, die Monate, vielleicht Jahre ihres Schul- und Studentenlebens verloren haben. Er hat zahllose Museen,

Theater, Kinos getroffen, Jazzclubs, Kirchenchöre, Sportvereine, Tanzschulen, Kirchen, überhaupt alle Orte der Inspiration, der Sinnvermittlung, der Begegnung, und er hat schließlich den Psychotherapeuten volle Terminkalender beschert. Irgendwann waren die Batterien eben leer.

Dies alles fällt für eine Regierung, die gemeinsam mit Virologen auf Zahlen starrt, nicht ins Gewicht. Und jetzt? Werden wir nach und nach wenigstens zur alten Unbefangenheit zurückkehren? Oder werden wir ein Restunbehagen mit uns herumschleppen und kurz zusammenzucken, wenn uns jemand zu nahe kommt, wenn er uns die Hand schütteln, wenn er uns umarmen will? Werden wir uns wieder in ein vollbesetztes Kino, in ein ausverkauftes Fußballstadion trauen? Oder haben wir die schlimmste aller Coronalehren verinnerlicht, die da heißt: Fürchte deinen Nächsten wie dich selbst? Sicher ist, dass die von Regierung und Medien verbreitete Coronapanik nicht spurlos an uns vorbeigehen wird. Zumindest wird mancher die Welt nun gefährlicher denn je finden.

Lassen wir uns also nicht verrückt machen. Wer Angst verbreitet, spielt mit dem Feuer, denn Angst lässt sich noch schwerer eindämmen als eine Pandemie. Wir können uns auch nicht darauf verlassen, dass ein maßgeblicher Politiker noch einmal ähnliche Worte finden wird wie der Chef des Chicagoer Gesundheitsamtes. Der sagte 1918, nach dem Ausbruch der Spanischen Grippe, die 20, 30 oder sogar 50 Millionen Menschen das Leben kostete: „Es ist unsere Aufgabe, die Menschen vor der Angst zu bewahren. Sorgen sind tödlicher als die Krankheit."

10. KEIN GRUND, ZU VERZAGEN

War Jesus ein Prophet? Einer wie jene unerschrockenen Männer aus der Frühzeit Israels, die Königen und Priestern, ja dem ganzen Volk die Leviten gelesen hatten? Wortgewaltige Kritiker von Machtmissbrauch waren das, und gleichzeitig prangerten sie beharrlich eine Religion an, die zum leeren Ritual erstarrt war. Bei ihrer Wortwahl waren sie nicht zimperlich. Der Prophet Maleachi zum Beispiel war mit allen polemischen Wassern gewaschen, und wenn er den Opferkult im Tempel verurteilt, klingt das so: „Ich will euch den Unrat eurer Festopfer ins Gesicht werfen, und er soll an euch kleben bleiben!" Man stelle sich vor – so spricht Gott selbst durch den Mund seines Propheten! Jesus beherrscht diesen Ton ebenfalls. Wie die Propheten ist er couragiert und unbequem. Er greift auch ihre Kritik an einem Glauben auf, der gedankenlos, bloß noch nach Vorschrift praktiziert wird. Viele seiner Zeitgenossen wollen deshalb einen Propheten in ihm erkennen, doch Jesus ist das nicht recht. Er ist mit dieser Deutung nicht zufrieden. Er glaubt, etwas anderes zu sein. Für wen hält er sich also?

Nicht leicht zu sagen. Als einer, der sich über Konventionen und Traditionen hinwegsetzt, möchte er mit der Vergangenheit sowieso nicht in Verbindung gebracht werden. Auch wenn es diesen Begriff zu seiner Zeit noch nicht gab – ich vermute, dass Jesus sich als durch und durch modernen Menschen versteht. Als jemanden, der seinen Mitmenschen eine neue Zukunft eröffnet. Neuer Wein in neue Schläuche – er benutzt dieses Bild nicht von ungefähr. Es bringt sein Selbstverständnis auf den Punkt, und seine Zuhörer liefern ihm die Bestätigung dafür, wenn sie nach einer Rede ihre Verblüffung zum Ausdruck bringen und sich gegenseitig versichern: Allerhand – das war neu. Das hat man doch noch nie gehört … Sie scheinen dann tatsächlich unter dem Eindruck zu stehen, einen Blick in eine andere Welt geworfen zu haben.

Was er sagt, ist neu, aber wie er es sagt eben auch. Sein ganzes Auftreten ist nicht das eines Propheten. Der einsame Rufer in der Wüste, der von Gott getriebene Einzelkämpfer, der heilige Zorn, das ist nicht seine Sache. Wenn die Evangelien mit keinem Wort auf sein Aussehen eingehen, kann das nur heißen: Er hat nichts Auffälliges an sich. Er kleidet sich wie alle, er hat dieselbe Schwäche für gutes Essen und einen guten Tropfen wie – sagen wir: die allermeisten, er fühlt sich so ziemlich in jeder Gesellschaft wohl und ist für vieles zu haben, was in der Welt der Anständigen als anrüchig gilt. Er will, kurz gesagt, gar nichts Besonderes sein, auch kein Prophet.

Vor allem aber: Anders als die Propheten ist er nicht der strenge Mahner, der unerbittliche Ankläger, der ein ganzes Volk zur Ordnung ruft und sich mit Königen anlegt. Jesus wendet sich an die Leute, die gerade da sind. An den Einzelnen. Manchmal spricht er auch vor größeren Menschenmengen, am Sabbat ist er häufig in einer Synagoge zu finden, aber was die Evangelien von ihm hauptsächlich überliefern, sind Gespräche, auch Heilungen, und immer hat er es dann mit einem bestimmten, individuellen Menschen zu tun. Das heißt, Jesus legt es auf eine persönliche Begegnung an. Er will weniger die Massen mitreißen oder aufwiegeln, er will den Einzelnen überzeugen und fragt nicht lange, an wen er da gerade geraten ist. Vergangenheit, wie gesagt, interessiert ihn nicht, aber Herkunft, gesellschaftliche Stellung und ob einer Dreck am Stecken hat oder sich für ein ganz großes Tier hält, genauso wenig. Mit anderen Worten: Er scheut vor nichts und niemandem zurück. Er setzt sich jeder Situation aus, er lässt sich auf jedes Streitgespräch ein, aber bieten lässt er sich nichts. Heute wäre er mit Sicherheit ein begehrter Talkshow-Gast.

Der Umgang mit ihm wird allerdings nicht ganz einfach gewesen sein. Seine Impulsivität ist bekannt und sicher auch gefürchtet. Es kommt vor, dass er angesehene Vertreter der Gelehrtenwelt abblitzen lässt, ihnen den Rücken kehrt und seine Herausforderer einfach stehen lässt, weil er sie nervtötend findet. Sein Selbstvertrauen scheint nichts zu wünschen übrig zu lassen, und der allgemeine Eindruck wird gewesen sein: Nichts kann ihn erschüttern – die zerfressenen Gesichter der Leprakranken nicht, die Attacken und Verwünschungen seiner Gegner nicht, die Feindschaft von Leuten in hohen Machtstellungen nicht, und die Gefahr zu ertrinken auch nicht.

Nein, auch die nicht. Eines Abends gehen sie an Bord eines Fischerkahns, groß genug, um 13 Mann zu fassen, mit Segel und Rudern ausgestattet, das Arbeitsgerät von Leuten wie Petrus und Andreas. Seine Jünger machen das Boot klar, Jesus steigt als Letzter ein, sie legen ab, und da es mal wieder ein langer Tag war, greift sich Jesus ein Kissen und legt sich im Heck schlafen. Andere Boote begleiten sie, und so segelt man in die Abenddämmerung hinein; offenbar wollen sie die Nacht an einer ruhigen Stelle am Seeufer verbringen, von Anhängern und Widersachern vorübergehend ungestört. Da frischt es auf, und die Fischer unter den Jüngern ahnen, was auf sie zukommt, nämlich der von allen Fischern gefürchtete Ostwind. Besonders in den Wintermonaten kann er sich bis zum Sturm steigern, und heute ist es so weit: Die Wellen schlagen ins Boot, der Kahn droht vollzulaufen, und Jesus kriegt nichts mit, er schläft tief und fest oder tut jedenfalls so. Einer weckt ihn schließlich – „Meister, ist dir denn völlig egal, ob wir alle ertrinken?" –, und jetzt endlich richtet sich Jesus auf, brüllt den Sturm an und befiehlt ihm zu schweigen. Der legt sich daraufhin tatsächlich, Stille tritt ein, und vielleicht hat Jesus den Anflug eines spöttischen Lächelns auf dem Gesicht, als er jetzt seine verstörten Jünger anspricht und sagt: „Ihr Kleingläubigen. Wovor habt ihr denn Angst? Mit eurem Gottvertrauen scheint es nicht allzu weit her zu sein."

Da sind sie wieder, seine Sorglosigkeit, sein heiliger Leichtsinn, sein kindliches Gottvertrauen. Diese Unerschütterlichkeit. „Ihr Kleingläubigen" – oder besser: „Ihr Angsthasen", das klingt nicht abfällig, auch nicht verärgert, aber so, als hätten sie bei ihm noch einiges zu lernen – zum Beispiel das: alles kein Grund, zu verzagen!

Insbesondere von einem erwartet Jesus allerdings, dass er sich in Zukunft besser schlägt. Es ist sein Jünger Simon, dem er den Beinamen Petrus verliehen hat, der seither also „der Felsen" heißt. Er hat sich bei den Zwölfen als Anführer und Sprecher durchgesetzt, er wird Führungsqualitäten besitzen und das entsprechende Selbstbewusstsein mitbringen, und eigentlich sollte wenigstens er die Nerven bewahren. Als sich die nächste Gelegenheit ergibt, tut er das auch.

Wieder ist es spät geworden. Diesmal hat Jesus vor Tausenden von Menschen gesprochen. Jetzt wollen sie ihn nicht gehen lassen, und so drängt er die Jünger, vorauszufahren, sie würden nicht mehr gebraucht, er aber habe noch zu tun. Und erneut herrscht starker Ostwind. An Segeln ist nicht zu denken, die Jünger mühen sich an den Rudern ab, die Nacht bricht herein, und sie kommen kaum voran. Da sehen sie Jesus. Er läuft übers Wasser, und verständlicherweise halten sie ihn für ein Gespenst, aber dann erkennen sie ihn, und nun wird Petrus kühn. „Soll ich zu dir kommen?", ruft er ihm zu. „Ja!", antwortet Jesus, und Petrus schwingt sich tatsächlich über die Bordwand und geht, übers Wasser, auf Jesus zu. Leider schafft er's nicht ganz. Ein banger Seitenblick auf den wogenden See reicht, und im selben Moment trägt ihn das Wasser nicht mehr, Petrus versinkt. „Du Kleingläubiger", sagt Jesus, als er ihn herauszieht (so, dass es keiner hört), „warum hast du gezweifelt?" Hand in Hand auf Wellen schreitend kehren sie zum Boot zurück, der Wind legt sich, mit letzter Kraft erreichen sie das Land.

Ob sich alles wirklich so zugetragen hat? Ich will mich nicht dafür verbürgen. Wie viele seiner Wunder sind auch diese Demonstrationen, Kostproben einer Kraft, über die nach Jesu Überzeugung jeder verfügt, der sich bedingungslos auf Gott verlässt. Eins wird dadurch jedenfalls klar: Angst hat in der neuen Welt, die Jesus vorschwebt, keine Daseinsberechtigung mehr. Sie ist unnötig, sie ist überflüssig, sie ist ein lästiges Relikt aus jenem alten Leben, das die Jünger zusammen mit Jesus hinter sich lassen wollen. Man könnte sogar sagen: Solange sie noch Angst haben, wird aus diesem neuen Leben nichts, denn Angst lähmt. Sie durchkreuzt die besten Absichten. Egal, was man sich vornimmt, früher oder später fällt sie einem in den Rücken und bewirkt, dass man doch aufgibt, und sei es kurz vor dem Ziel. Genauso wenig allerdings wird besondere Tapferkeit erwartet. Keiner muss hier den Helden spielen. Der einzige Schlüssel zu diesem neuen, angstfreien Leben ist Gottvertrauen. Wenn dieses Vertrauen zur Gewohnheit wird, wird das eigentliche Wunder geschehen, und Gottvertrauen wird sich in Selbstvertrauen verwandeln, in Unerschütterlichkeit.

Hier ist also einer, der sich tatsächlich vor nichts fürchtet, und der andere Menschen, womöglich die ganze Welt, von der Angst befreien will. Fürchtet euch nicht! – in diesen drei Worten lässt sich sogar der Inhalt der Evangelien zusammenfassen. Und jemand, der diese Meinung erstaunlicherweise teilte, war Goethe, auf den ich hier kurz eingehen will.

Ich sage „erstaunlicherweise", weil Goethe kein großer Freund des Christentums war. Die Evangelien aber nahm er von seiner Abneigung aus. Die las er mit Vergnügen, weil er sie als Nervenstärkung verstand. Das ganze Leben Jesu kam ihm wie eine einzige Lektion in Zuversichtlichkeit vor. Offenbar hatte er das Neue Testament mit Verstand gelesen (was sonst?), aber auch mit lebhaftem Interesse, denn Goethe hatte als junger Mensch selbst unter Ängstlichkeit gelitten und sich gefragt, wie man sie loswird. Seine Antwort lautete: Man muss dahin gehen, wo's gefährlich ist. Man darf vor der Gefahr nicht kapitulieren, man muss sie suchen. Das tat er.

Um seine Höhenangst zu bekämpfen, erstieg er als junger Mann den Turm des Straßburger Münsters – zu seiner Zeit der höchste Kirchturm der Welt – und setzte sich von oben dem Blick in die Tiefe aus. Mit seinem Freund, dem Herzog Carl August von Weimar, überquerte er wenig später im Winter die Alpen, ein lebensgefährliches Unternehmen. Und dieses Programm, sein persönliches Anti-Angst-Training, muss Früchte getragen haben, sonst wäre er als 43-Jähriger wohl nicht auf die Idee gekommen, sich einem Feldzug anzuschließen, um dann im Gefecht unter den hinüber- und herüberfliegenden Kanonenkugeln spazieren zu gehen. Tatsächlich. Die Soldaten, die ihn dabei beobachteten, trauten ihren Augen nicht, aber Goethe kehrte hochzufrieden von seinem Ausflug in den Kanonenkugelhagel zum Feldlager zurück – auch bei diesem Experiment hatte sich seine Unerschrockenheit bewährt.

Dasselbe Gottvertrauen wie Jesus mag Goethe nicht aufgebracht haben. Aber in einem Punkt waren sie sich ähnlich: Beide waren sie entschlossen, sich mit der Ängstlichkeit nicht abzufinden. Jesus mit seiner Botschaft der Furchtlosigkeit muss Goethe jedenfalls beeindruckt haben, dazu hat er sich bekannt. Und beiden wird bewusst gewesen sein, dass man als Gefangener seiner Angst nie im Leben Großes bewirken würde. Das aber hatte nicht nur Goethe, das hatte auch Jesus vor.

11. DAS REICH GOTTES

Wirklich Großes. Das wird erst allmählich klar. Die ersten drei Kapitel des Markusevangeliums sind mit Heilungen, erregten Debatten und Provokationen vorbeigegangen, aber jetzt, zu Beginn des vierten Kapitels, sind wir als Leser endlich bei einer seiner Reden als Zuhörer zugelassen.

Die Szene ist, wie üblich, turbulent. Menschenmassen drängen sich am Seeufer, die Geräuschkulisse ist entsprechend, und Jesus kann sich kein Gehör verschaffen; er würde in diesem Gewühl ein Podest, eine Leiter brauchen, doch so etwas gibt es hier nicht. Aber Fischerboote gibt es. Er lässt sich von seinen Jüngern ein Stück weit hinausfahren, und nachdem das Boot mit Rudern in Position gebracht worden ist, fängt Jesus an zu sprechen. Was bekommt die Menschenmenge am Ufer zu hören?

Offenbar behandelt er landwirtschaftliche Themen. Saatgut kommt vor, unterschiedliche Bodenarten, Vögel, Dornengestrüpp, schließlich reiche Ernte. Anschließend erzählt er von Unkraut und Weizen, auch zu Senfkörnern fällt ihm etwas ein, und am Ende dürften sich die wenigsten einen Reim auf das Gehörte machen können – die Jünger haben jedenfalls nichts verstanden. Ja, Jesus redet neuerdings in Bildern, in Gleichnissen, in Rätseln. Aber wenn er frei heraussagen würde, was er mit seiner Menschenfischerei bezweckt, was er sich als letztes, großes Ziel gesetzt hat, dann würden sie ihn für größenwahnsinnig erklären, und außerdem würde umgehend ein Verhaftungskommando ausrücken. Denn seine Absicht ist, auf den kürzesten Nenner gebracht: Er will ein neues Reich gründen. Ein Weltreich.

Und jetzt wird es spannend. Sein Projekt geht natürlich über alle menschlichen Kräfte. Es gibt auch keinerlei Anzeichen dafür, dass er Gewalt anwenden will, was bei solchen Vorhaben die übliche Vorgehensweise wäre. Ganz offensichtlich glaubt er, dieses neue Reich ganz ohne Eingriffe in die bestehenden Verhältnisse, allein durch das gesprochene Wort verwirklichen zu können. Das heißt, bei einem Projekt von globaler Dimension vertraut er auf seine eigene Überzeugungskraft und die seiner Mitarbeiter. Er will die Welt durch Reden verändern. Oder sagen wir: durch eine Idee.

Sein Projekt hat einen Namen. Er nennt es „das Reich Gottes". Auch damals mag dieser Name für viele unverständlich gewesen sein; heute ist er auf jeden Fall missverständlich. Wir denken dabei schnell ans Jenseits, an den Himmel, an etwas, das uns nach dem Tod erwartet (oder auch nicht). Woher dieses Missverständnis auch immer rührt – so lange will Jesus nicht warten. Er will nicht vertrösten. Er lässt überhaupt keinen Zweifel: Er spricht von dieser Welt. Von diesem Leben. Vom Hier und Jetzt, von diesem Augenblick, von den nächsten Wochen, Monaten und Jahren. Ihn interessiert allein das Diesseits, die Realität, und diese Realität beabsichtigt er, umzugestalten. Man könnte auch sagen: neu zu erschaffen.

Warum dann „Reich Gottes"? Zunächst einmal, weil es unsichtbar ist. Es hat keinerlei Ähnlichkeit mit einem Staat. Es kennt keine Organisation, keine Gesetze, keine Institutionen, kein Staatsgebiet und keine Grenzen. Es verfügt über keine Machtmittel, keine Armee, keine Polizei, keine Aufpasser. Vielmehr durchdringt es die Welt unmerklich, und genauso unmerklich verändert es die Menschen, ohne dass auch nur eine einzige neue Vorschrift erlassen werden müsste. Es ist, so gesehen, nicht von dieser Welt und nicht nach Art dieser Welt, aber es breitet sich in der Welt aus. Und jetzt kommt Gott ins Spiel.

Was Jesus erreichen möchte ist, dass mehr und mehr Menschen die Perspektive Gottes einnehmen. Dass sie die Welt, vor allem ihre Mitmenschen, durch die Augen Gottes zu sehen lernen. Er ist sich sicher, selbst bereits mit den Augen Gottes auf das Leben zu schauen, sozusagen den göttlichen Blick zu verkörpern, und wenn er redet, dann also in der Absicht, auch anderen zu dieser göttlichen Sichtweise zu verhelfen. Und, um es vorwegzunehmen: Das Göttliche an diesem Gottesreich ist seine Menschlichkeit.

Jesus gehört also nicht zu jenen, die sich eine Veränderung der Verhältnisse von einem machtvollen Eingreifen Gottes versprechen. Johannes der Täufer hatte sich das so vorgestellt: Gott ist mit seiner Geduld am Ende, drischt auf die Menschheit ein, entzündet einen großen Weltenbrand, und am Ende bleiben nur die Guten übrig. Nein, Jesus ist von jeder Gewaltvorstellung weit entfernt. Er trägt das Gottesreich bereits in sich, als handfeste Utopie, als nahe, greifbare Zukunft. Von nun an kann es seinen Lauf nehmen, vorausgesetzt … Vorausgesetzt, es springt von ihm auf andere Menschen über. Von ihm, von seinen Worten muss die Initialzündung ausgehen, er ruft es buchstäblich ins Leben. Und das ist erstaunlicherweise schon alles. Im weiteren Verlauf braucht dem Gottesreich niemand mehr nachzuhelfen, auch er nicht – es blüht sozusagen von allein im Bewusstsein jedes Einzelnen auf, ohne menschliches Zutun, aus eigener Kraft. Mit der Zeit schleicht es sich in die Gesellschaft ein; es zieht, mit anderen Worten, immer größere Kreise, bis es am Ende zu einer neuen globalen Realität geworden ist. Aber kehren wir zu seiner Rede zurück, die er der Menschenmenge am Seeufer vom Fischerboot aus gehalten hat. Was genau wollte er sagen?

Ja, da war von landwirtschaftlichen Dingen die Rede. Von Dingen, die seinen Zuhörern vertraut waren, die sie aus ihrem eigenen Alltag kanten. Aber natürlich waren sie als Bilder für etwas ganz anderes gemeint. Jesus hatte auf diese Weise versucht, das Unaussprechliche, ja Unvorstellbare anschaulich zu machen. Wahrscheinlich hat er seine Anschauungsbeispiele auch mit Bedacht aus der Natur gewählt, wo seit jeher alles nach Gottes Willen geht. Aber nicht einmal seine Jünger kommen damit zurecht, und so machen sie sich hinterher im kleineren Kreis ans Deuten und Interpretieren.

Welchen Aufschluss geben uns diese Gleichnisse über das Gottesreich? Zunächst einmal: Es muss wie Samen in die Köpfe und Herzen gesät werden. Das ist seine Aufgabe:

Jesus spricht, und seine Worte treffen seine Zuhörer ins Herz. Sie hören nicht mehr auf, darüber nachzudenken, denn seine Worte eröffnen ihnen eine ungeahnte, völlig neue Perspektive. Und das reicht schon. Wer erst einmal begriffen hat, welche Chancen, welche neuen Möglichkeiten die Idee des Gottesreichs für eine bessere Welt bietet, der wird sich diese Idee völlig zu eigen machen, und das Bedürfnis, nach dieser Idee zu leben, wird in ihm immer mächtiger werden. Auf diese Weise nimmt das Gottesreich in jedem einzelnen Menschen Gestalt an, ohne dass es weiterer Nachhilfe bedürfte. Mit jeder Frau, jedem Mann, mit allen, die sich von Jesus überzeugen lassen, wächst das Reich Gottes in die Welt hinein, und da braucht es keinen Antreiber, keine Kontrolle, keinen Coach mehr. Es ist, als ob man ein Samenkorn in die Erde legt, und mit der Zeit wächst es von selbst zu einem Baum heran, in dem die Vögel ihre Nester bauen. Aus etwas Winzigkleinem ist etwas Riesengroßes geworden.

Man sieht: Dieses Gottesreich ist das Gegenmodell zu allen herrschenden Verhältnissen. Es kennt keine Gesetze, es verzichtet darauf, das Zusammenleben der Menschen zu regeln. Weder Denken noch Handeln werden vorgeschrieben. Aber – ist Jesus nicht allzu optimistisch? Klingt es nicht so, als würden die Leute jetzt mit fliegenden Fahnen zu ihm überlaufen, bloß weil er eine Rede gehalten hat?

Nun, Jesus ist Realist. Er hat ja erlebt, wie ihm der kalte Wind von einigen Seiten ins Gesicht bläst. Er weiß auch, dass die Saat auf felsigen Boden oder unter Dornengestrüpp fallen kann, wo sie aus Mangel an fruchtbarem Boden oder

Sonnenlicht verkümmert. Im Gleichnis vom Bauern, der seine Saat aussät, spricht er dieses Problem an und meint damit: Die anfängliche Begeisterung für das Gottesreich kann bald wieder erlöschen, und zwar hauptsächlich aus zwei Gründen. Einmal, weil jemand dann doch nicht auffallen will. Weil es ihm zu riskant erscheint, anders zu sein als die anderen, weil er aus Ängstlichkeit ins alte Denken zurückfällt und lieber auf Nummer sicher geht und sich doch wieder an den Zeitgeist hält – vorsichtshalber sozusagen. Und zum anderen, weil einer sich doch wieder von den bekannten Alltagssorgen auffressen lässt. Weil er Geld oder Macht am Ende doch wichtiger findet als alle Chancen, die das Gottesreich eröffnet. Und jetzt versteht man besser, warum ihm Furchtlosigkeit so wichtig ist und alle Zukunftssorgen so unwichtig sind: Sie vor allem stehen dem Gottesreich und einem Leben ohne Regeln und Vorschriften im Wege. Mit Ängstlichen und Gierigen ist das große Ziel nicht zu erreichen.

Aber – und damit kommen wir zum letzten Gleichnis dieses Tages: Wer nicht mitmachen will, darf nicht gezwungen werden. Keine Gewaltanwendung, kein Druck, jeder hat die Wahl, jeder muss selbst entscheiden! Im Gleichnis kommen die Knechte eines Bauern angelaufen und berichten ihrem Herrn, dass sich auf seinem Weizenfeld Unkraut breitgemacht habe – ob sie das Unkraut ausreißen sollen? Nein, sagt ihr Herr, denn dann würdet ihr auch den Weizen zertrampeln und damit alles kaputtmachen. Unkraut und Weizen sollen auf meinem Feld zusammen wachsen bis zur Ernte … Was äußert sich in diesen Worten anderes als die grenzenlose Zuversicht, die Goethe an Jesus so beeindruckend fand, seine gelassene Überzeugung: Wir können nur den Anstoß geben, alles andere steht nicht in unserer Macht. Entweder, meine Idee vom Gottesreich ist so unwiderstehlich, dass sie immer mehr Menschen ergreift, oder wir müssen zusehen, wie die Saat verkümmert. Aber natürlich glaubt er an die Ausstrahlungskraft seiner Idee. Insofern ist er wirklich optimistisch.

12. DIE WIEDERENTDECKUNG DER ERBSÜNDE

Das, was Moralwächtern als böse gilt, ist kaum einzugrenzen. Aber wenigstens lässt sich das Reich dieses Bösen genau lokalisieren. Wo liegt es? In Europa und Nordamerika, den Ländern des Christentums und der Aufklärung. Europa und Nordamerika sind in den Augen der Moralwächter die Brutstätten des Bösen, so viel ist klar. Und natürlich geschieht in den erwähnten Ländern Böses bis auf den heutigen Tag. Es geschieht, wenn unbewaffnete Schwarze in den USA von weißen Polizisten erschossen werden. Es geschieht, wenn Frauen von weißen Männern missbraucht werden. Es geschieht, wenn afrikanische Flüchtlinge in ihren Schlauchbooten von weißen Männern ihrem Schicksal überlassen werden und im Mittelmeer ertrinken. Aber es geschieht auch dort, wo wir es nie vermutet hätten – bei einer Opernprobe zum Beispiel.

„Das ist wie in Afrika, wenn Ihnen ein Löwe entgegenkommt. Da gucken Sie auch nicht weg." Diese zwei Sätze waren für das Nürnberger Opernhaus Grund genug, sich von dem Regisseur Peter Konwitschny zu trennen. Warum er so plötzlich entlassen wurde, ist gar nicht leicht zu erklären. Der Vorfall ereignete sich während einer Probe. Konwitschny wollte einer Chorsängerin klar machen, dass man sich im Augenblick des Erschreckens nicht abwendet, sondern wie gebannt in Richtung der Gefahr starrt, und bei dieser Gelegenheit fielen die beiden folgenschweren Sätze. Sein Pech war, dass es sich bei besagter Chorsängerin um eine Schwarze handelte.

Die anstößigen Worte waren also gesprochen. Was geschah dann? Zunächst nichts – kein Protest, kein Murren. Erst später beschwerten sich einige der Beteiligten bei der Intendanz des Opernhauses über Konwitschnys Wortwahl. Die reagierte prompt: Weil sich Konwitschny in einer Art geäußert habe, „die von Beteiligten als unangemessen und diskriminierend wahrgenommen" worden sei, wurde ihm umgehend gekündigt. So etwas („Afrika, Löwe, hingucken") sagt man also nicht. Aber wieso sagt man es nicht?

Ich kann mir diese Frage kaum selbst beantworten. Ist die Gedankenverbindung zwischen dunkler Hautfarbe und Afrika unzulässig? Ist sie deshalb unzulässig, weil der Regisseur der Sängerin damit unterstellt, aus Afrika zu kommen, während sie in Wirklichkeit vielleicht in Deutschland oder Frankreich geboren wurde? Ist es eine Schande, in Afrika geboren zu sein? Aber – hätte die Sache nicht gleich an Ort und Stelle klargestellt werden können? Und – ist hier nicht ein Übermaß an Argwohn im Spiel? Muss man die böse Absicht nicht erst mühsam im eigenen Kopf konstruieren, bevor man das Löwenbeispiel als hinterhältige Anspielung auf die Herkunft der Sängerin verstehen kann? Nun, wie gesagt, für das Opernhaus war der Fall klar. Der bislang unbescholtene Peter Konwitschny, der aus dem Zigeunerchor einer Verdioper schon mal vorsichtshalber einen Soldatenchor gemacht hatte, war doch noch als Rassist entlarvt worden – und musste gehen.

Vielleicht verstehen wir den geschilderten Vorfall besser, wenn wir gar nicht in Betracht ziehen, was gesagt wurde, sondern von wem es gesagt wurde. Peter Konwitschny ist nämlich ein weißer, mit seinen 78 Jahren sogar ein alter weißer Mann, und der Kritischen Rassentheorie (der Critical Race Theory) zufolge ist das Böse weiß. Männlich und weiß. Weiß wie die Hautfarbe der Europäer, die vorzeiten Amerika erobert, Afrika kolonialisiert und schwarze Afrikaner in Amerika zur Sklavenarbeit gezwungen haben. Die sich, mit anderen Worten, als Herren der Welt aufgespielt haben und nach wie vor aufspielen. Diese Europäer – so lautet die Schlussfolgerung der Kritischen Rassentheorie – können nicht aus ihrer Haut. Aufgrund ihrer technischen und wissenschaftlichen Erfolge, auch ihrer Erfolge als Eroberer, sind sie bis heute von einem Überlegenheitsgefühl durchdrungen, das sie auf Menschen dunklerer Hautfarbe herabblicken lässt – und daran ist selbst beim besten Willen nichts zu ändern: Ihre weiße Haut geht unweigerlich mit jener Verachtung für andere einher, die man als Rassismus bezeichnet, und selbst ein gesellschaftskritischer Regisseur wie Peter Konwitschny ist dagegen machtlos. Jedenfalls kann offenbar nur einem Rassisten so etwas wie dieses Löwenbeispiel herausrutschen.

Immerhin, ganz falsch ist diese Theorie nicht. Europäisches Herrenmenschentum hat ja wirklich in vielen Teilen der Welt unendlich viel Unheil angerichtet. Allerdings sind die Europäer selbst längst darangegangen, die dunklen Seiten ihrer

Geschichte kritisch aufzuarbeiten, und schon damals, im 18. und 19. Jahrhundert, haben prominente Europäer ihre Stimme gegen Kolonialismus und Sklavenhandel erhoben. Der englische Naturforscher Charles Darwin und sein deutscher Kollege Alexander von Humboldt etwa waren von der Praxis der Sklaverei in Südamerika entsetzt und haben in ihren Schriften auch keinen Hehl daraus gemacht, und heute dürfte es kaum noch einen vernünftigen Menschen in Europa oder den USA geben, der das Auftreten europäischer Eroberer gegenüber indigenen Völkern rechtfertigt. Tatsache ist allerdings auch, dass sich das Überlegenheitsgefühl der Europäer bis heute gerade gegenüber Schwarzen zumindest unterschwellig als Überheblichkeit äußert; es führt vor allem in den USA mit ihrem großen Anteil an afroamerikanischer Bevölkerung beständig zu Konflikten.

Mir selbst ist das Problem aus meiner eigenen Arbeit vertraut. In meiner Zeit als Abtprimas des Benediktinerordens habe ich das Zusammenleben von deutschen und afrikanischen Brüdern in unseren afrikanischen Klöstern gefördert. Obwohl es dem Geist des Christentums widersprach, hatten Deutsche und Afrikaner bis in die 80er-Jahre hinein ausschließlich in getrennten Gemeinschaften gelebt, nun sollte dieser Zustand beendet werden, aber leicht war es nicht. In allen Klöstern, die das Zusammenleben erprobten, traten die gleichen, ganz konkreten Alltagsprobleme auf, aber das größte Hindernis war mentaler Art: Auch deutschen Benediktinern fiel es anfangs schwer, ihr europäisches Überlegenheitsgefühl abzulegen und ihren afrikanischen Brüdern gegenüber nicht als Lehrmeister aufzutreten. Ich weiß also, wie leicht wir gegenüber Afrika in eine paternalistische Haltung verfallen; trotzdem haben wir dieses Experiment gewagt. Heute sind unsere gemischten afrikanischen Abteien so etwas wie Labore, in denen Verfahren des friedlichen Miteinanders von Menschen getestet werden, die sich in vielem unterscheiden. Rückfälle in alte Denkgewohnheiten sind nicht ausgeschlossen, aber – sollen wir den Versuch deshalb abbrechen?

Er ist zum Scheitern verurteilt, sagen die Anhänger der Kritischen Rassentheorie. Es gibt keine Gemeinsamkeiten zwischen Schwarz und Weiß. Verständigung ist unmöglich, weil die Erfahrungen zu unterschiedlich sind. Ihre Geschichte als Herrenmenschen ist Weißen genauso unauslöschlich ins Bewusstsein eingeschrieben wie Schwarzen ihre Geschichte als Sklaven und Kolonialisierte, und selbst ein Gedicht kann diesen Abgrund nicht überbrücken – nicht einmal jenes Gedicht, mit dem sich die junge schwarze Dichterin Amanda Gorman anlässlich der Amtseinführung von Präsident Joe Biden an die gesamte Nation gewandt hatte, an Weiße wie an Schwarze. Unzweifelhaft ein Gedicht für alle, sollte man meinen.

Amanda Gorman dürfte also selbst von dem Wirbel überrascht gewesen sein, den die Übersetzung ihres Gedichts „The Hill We Climb" in den Niederlanden auslöste. Dort hatte der Verlag die Lyrikübersetzerin Marieke Lucas Rijnefeld mit dieser Arbeit beauftragt, und zwar mit Bedacht, denn Rijnefeld ist nur wenig älter als Gorman, und ihre Arbeit war mehrfach mit Preisen ausgezeichnet worden. Allerdings – Rijnefeld hat einen Makel. Sie ist weiß, und schon meldete sich eine niederländische Journalistin schwarzer Hautfarbe zu Wort. Sie verlangte, die Übersetzung besser einer kämpferischen Schwarzen zu überlassen, die könne Gormans Botschaft mit größerer Überzeugungskraft auf Niederländisch verkünden … Seltsamerweise leuchtete diese Forderung sowohl dem Verlag als auch der ursprünglich vorgesehenen Übersetzerin ein. Rijneveld verzichtete, und der Verlag engagierte ein Übersetzungsteam – ein Weg, für den sich schon Gormans deutscher Verlag entschieden hatte. Dort war man sich der Gefahr, ins rassistische Fettnäpfchen zu treten, anscheinend von vornherein bewusst gewesen und hatte die heikle Angelegenheit gleich drei unterschiedlichen Expertinnen anvertraut: einer schwarzen Rassismusforscherin, einer weißen Lyrikübersetzerin sowie einer türkischstämmigen Aktivistin.

Gorman war im Fall der niederländischen Übersetzung offenbar gar nicht gefragt worden. Sie hätte sich wohl kaum gegen eine weiße Übersetzerin gesträubt, aber solche Dinge können heute ihre eigene Dynamik entwickeln. Gesinnung ist entscheidend, Moral der Maßstab, Kompetenz zweitrangig. Doch davon abgesehen – ein Gedicht, mit dem sich die Verfasserin an Menschen aller Hautfarben in ihrem Land gewandt hatte, das alle Zuhörer ohne Rücksicht auf ihren Erfahrungshorizont ansprechen sollte, wird im Nachhinein von schwarzen Aktivisten für Schwarze vereinnahmt? Und Verlag wie Übersetzerin erteilen diesem Anspruch ihren Segen? Das verstehe, wer will. Dürfen also künftig auch Schwarze keine Texte von Weißen mehr übersetzen? Und können Leser, deren Vorfahren keine schwarzen Sklaven waren, mit Gormans Gedicht überhaupt etwas anfangen? Sind sie nicht zu weiß, um dieses Gedicht zu verstehen? Wenn ja, dann wäre es Unsinn, „The Hill We Climb" in europäische Sprachen wie Niederländisch, Deutsch oder Italienisch zu übersetzen. Oder in asiatische. Dann müssten eben Weiße und Schwarze mit ihren literarischen Werken für alle Zeiten unter sich bleiben. Und nicht nur damit.

Mittlerweile nämlich steht alles auf dem rassistischen Prüfstand. Zum Beispiel die Mathematik. Zwei plus zwei gleich vier? In den USA mehren sich die Stimmen, die dieses Ergebnis für einen Ausdruck weißer Vorherrschaft im Klassenzimmer halten. Das Kultusministerium des Bundesstaates Oregon regte an, für jede mathematische Aufgabe mindestens zwei Ergebnisse zuzulassen. Radikale Aktivisten der Black-Lives-Matter-Bewegung fordern die vollständige Abschaffung von Algebra oder wenigstens, sie durch Ethnomathematik zu ersetzen. Mathematik sei immer noch eine objektive Wissenschaft? Von wegen, denn auch Objektivität ist eine europäische Erfindung und damit ebenfalls ein Zeichen weißer Vorherrschaft! Und überhaupt – Wissenschaft kann in keinem Fall Anspruch auf Allgemeingültigkeit erheben. Sie gibt immer nur die Sichtweise einer bestimmten ethnischen Gruppe wieder, und dasselbe trifft auf das gesamte Geistesleben zu – auf die Medizin, die rassistisch ist und entkolonialisiert werden müsse, auf den Kanon der klassischen Musik, der nichts als ein Spiegel rassistischer Vorurteile ist, auf Literatur und Malerei, die ebenfalls als Ausdruck weißer Vorherrschaft verstanden werden müssen.

Mit anderen Worten: Wohin man auch blickt – aus dieser Sicht ist alles rassistisch verseucht. Nicht nur in den USA, auch in Europa, überall, wo Weiße ihre Spuren hinterlassen haben, wo sie nach wie vor das Sagen haben, und sei es auf der Bühne eines deutschen Opernhauses. Verständigung ist nicht möglich, an Versöhnung nicht zu denken. Und kein Mensch weißer Hautfarbe ist unschuldig. Eigentlich müssten wir vor uns selbst erschrecken. Wir wissen ja gar nicht, wie böse wir sind. Besser also, wir betrachten uns als tickende Zeitbomben. So ähnlich jedenfalls dürfte die Professorenschaft der Northwestern University bei Chicago gedacht haben, als sie im Mai 2020 zu ihrer Fakultätssitzung zusammentrat. Damals war gerade ein Schwarzer von einem weißen Polizisten auf brutale Weise getötet worden, und Dozenten wie Dozentinnen fanden es moralisch geboten, Zerknirschung zu demonstrieren: Am Ende ihrer Sitzung legten sie ein kollektives Schuldeingeständnis ab. Sie klagten sich selbst an. Sie bekannten sozusagen vor aller Welt ihre Unwürdigkeit und versicherten sich gegenseitig: Wir sind privilegiert! Wir sind rassistisch! Wir sind – anders gesagt – Unmenschen … Ein beispielloser Vorgang.

Besserung gelobten sie nicht. Es war ja auch nichts daran zu ändern. Als Weiße waren sie eben zur Existenzform von privilegierten Rassisten verdammt – egal, wie sehr sie im Einzelfall jeden Rassismus verabscheuen mochten. Persönliche Schuld, persönliche Unschuld – beides scheint nicht mehr zu zählen. Gilt von nun an tatsächlich das Credo der Black-Lives-Matter-Bewegung, dass niemand seiner Hautfarbe entkommt? Wird einem also der Rassismus wie die Erbsünde mit der Hautfarbe bereits in die Wiege gelegt? Aber, was zeigt sich hier anderes als – eine neue Form von Rassismus?

13. WER HAT ANGST VORM SCHWARZFAHRER?

Es ist wohl nicht übertrieben zu sagen: Moralwächter wollen Macht. Die Macht über die Seelen der anderen. Der spanische Bischof Diego de Landa aus dem zweiten Kapitel wollte die Macht über die Seelen der Maya nicht aus der Hand geben, heutige Moralwächter streben die Macht über die Seelen ihrer Mitmenschen an. Und leider ist es so: Wenn es um Macht geht, sitzt die Moral an einem längeren Hebel als die Vernunft.

Denn Moral ist ein absoluter Maßstab und daher nicht verhandelbar. Moral diskutiert nicht, sie diktiert. Die Vernunft hingegen muss sich immer wieder neu auf die Verhältnisse einstellen, muss sich mit ihnen auseinandersetzen und von Fall zu Fall neue Lösungen, eben vernünftige Lösungen finden. Die Moral braucht das nicht. Ihre Gesetze und Vorschriften gelten ein für alle Mal – oder sagen wir: so lange, bis sich massiver Widerstand regt. Davon ist heute allerdings noch wenig zu spüren. Immer wieder geben öffentliche Behörden, Universitätsleitungen und sogar Unternehmen dem Druck der Moralwächter nach und lassen sich deren Sichtweise aufzwingen. Aber es gibt ihn, diesen Widerstand im Namen der Vernunft.

Beispiele dafür will ich in diesem Kapitel anführen – neben weiteren Beispielen unbegreiflicher Nachgiebigkeit.

Auf eben jener Northwestern University, deren Professoren sich kollektiv des Rassismus bezichtigt hatten, wagte eine Studentin, sich auf die Seite ihres Professors zu schlagen und ihn in Schutz zu nehmen. Auf Twitter schrieb sie: „Professor Speta ist kein Rassist. Er ist ein wunderbarer Mensch, der von allen geschätzt wird. Es macht mich traurig, dass er gezwungen wird, so etwas von sich zu sagen." Welche Wohltat! Mir jedenfalls geht das Herz bei diesen Worten auf. Hier werden wir zum ersten Mal in diesem Zusammenhang Zeuge von Liebenswürdigkeit, Zuneigung und Bewunderung, ja sogar Dankbarkeit. Hier wird einem anderen endlich einmal nicht entgegengeschrien: Du willst mich verstehen? Gib's auf! Hier stimmt jemand ausnahmsweise nicht in den Chor der politisch korrekten Machtmenschen ein, denen es um Höheres geht. Um Gerechtigkeit. Um Strafe. Oder um Rache.

Und damit vorläufig genug der Fallbeispiele aus den USA. Das Moralwächtertum hat längst auf Europa übergegriffen, und auch hier treibt es groteske Blüten. Aus einer unüberschaubaren Zahl von Fällen will ich zwei herausgreifen.

So wenig wie bei Professor Speta dürfte es sich bei den Professoren der Universität Cambridge um Rassisten handeln – und so wenig wie Professor Speta hat es ihnen genützt. Vom Generalverdacht des Rassismus bleibt offenbar auch in England niemand verschont, und so ordnete die Universitätsleitung von Cambridge im November des Jahres 2020 eine Zwangsmaßnahme an: Alle Lehrkräfte sollten sich einem Anti-Rassismus-Training unterziehen. Professoren und Professorinnen einer der angesehensten Universitäten der Welt waren damit gezwungen, sich in Zoom-Konferenzen über ihre unbewussten Vorurteile aufklären und zu „weißen antirassistischen Alliierten" umerziehen zu lassen. Es waren sogar Zensuren für die antirassistischen Fortschritte des Lehrkörpers vorgesehen. Erfreulicherweise kam das Projekt aber nicht richtig in Schwung, denn aufseiten der Professoren mangelte es anscheinend an der nötigen Ernsthaftigkeit, und die eingesetzten Antirassismus-Mentoren ihrerseits fühlten sich mit der Aufgabe überfordert, Leuten etwas auszureden, was ihnen zuvor eingeredet werden musste.

Und damit zu Deutschland. In keinem Land der Welt dürfte es leichter sein, Menschen ein schlechtes Gewissen einzureden. Wo sonst beherrscht man die Fähigkeit, sich auf Kommando zu schämen? Stadtverwaltungen schämen sich für Straßennamen, Moralwächter für die Namen von Wirtshäusern, Apotheken und traditionellen Gerichten und öffentliche Verkehrsbetriebe neuerdings für den „Schwarzfahrer". Und deshalb gehört er abgeschafft. Was darüber der Presse zu entnehmen ist, kann einen erschüttern; überraschen kann es einen aber nicht mehr, denn der Vorgang läuft nach dem immer gleichen Muster ab:

Ein Unternehmen reagiert auf eine „aktuelle Debatte". In diesem Fall muss es zur Kenntnis nehmen, dass der Begriff Schwarzfahrer als „rassistisch und diskriminierend" empfunden werden kann. Es entfernt entsprechende Aufkleber aus allen Bussen und Bahnen und ersetzt „Schwarzfahrer" durch „Kunde, der ohne ein gültiges Ticket eine Personenbeförderungsleistung in Anspruch nimmt". Das klingt natürlich viel schöner als „Schwarzfahrer", aber der Rest ist unzutreffend. Es hat nämlich gar keine Debatte gegeben. Das Unternehmen gibt selbst zu: „Beschwerden über diesen Begriff sind uns nicht bekannt." Wenn es wirklich eine Debatte gegeben hätte, wäre das einzig mögliche Ergebnis gewesen, dass es sich hier um ein Missverständnis handelt. Ein absichtliches Missverständnis im Übrigen. Aber wer wird noch debattieren, wenn Moralwächter auf dem Wege freier Assoziation zu dem Schluss kommen, Menschen dunkler Hautfarbe könnten den „Schwarzfahrer" erstens auf sich beziehen und zweitens als Beleidigung empfinden? Nein, dann lieber in vorauseilendem Gehorsam allen Debatten einen Riegel vorschieben. Und die Angst, in Verruf gebracht zu werden, ist nicht einmal übertrieben, angesichts der Verleumdungsmöglichkeiten, die das Internet bietet.

Allerdings – nach dieser Logik reicht es eigentlich nicht, Aufkleber aus Bussen und Bahnen zu entfernen. Strenggenommen müsste das Wort schwarz aus der deutschen Sprache entfernt werden. Vorsichtshalber. Denn auch der Versuch, die Farbe Schwarz reinzuwaschen, sie gewissermaßen zu neutralisieren und ihr jeden Beigeschmack zu nehmen, wäre zum Scheitern verurteilt. Sich schwarz ärgern, schwarz sehen, Schwarzarbeit, Schwarzgeld, Schwarzbrot, Schwarzwald – wer will, kann sich jedes Mal angesprochen und beleidigt fühlen, beim Bäcker wie bei einem Urlaub in Baden-Württemberg. Folglich müsste auch der Schwarze Freitag umbenannt werden und der schwarze Tee aus den Regalen verschwinden.

Es ist nun einmal so, und nicht nur in Deutschland, nicht nur in Europa: Alle Farben sind symbolisch aufgeladen. Alle bedeuten sie etwas, in allen Kulturen. Bei uns steht Rot zum Beispiel für die Liebe, Grün für Leben und Hoffnung, Blau für Weite und Sehnsucht und Schwarz unter anderem für Trauer. Im speziellen Fall des Schwarzfahrers aber steht schwarz, ähnlich wie beim Wort Dunkelziffer, für heimlich und versteckt, für unkenntlich oder auch trügerisch. Die betreffenden Verkehrsbetriebe hätten diesen Sachverhalt schnell klarstellen können, und die angebliche Debatte wäre verstummt. Aber sie sind lieber zurückgewichen – und haben damit die Schleusen des Argwohns noch weiter geöffnet. Ich sehe kommen, dass schwarze Kleidung auf Beerdigungen in naher Zukunft verpönt sein und bald darauf verboten werden wird.

Seltsam, und für mich beunruhigend, welche Macht wir den Moralwächtern zugestehen. Wie bereitwillig wir nach ihrer Flöte tanzen. In fast jedem Punkt haben sie unrecht, vernünftige Gründe können sie in den seltensten Fällen anführen – oder denken wir beim Wort Weißwein automatisch an Menschen heller Hautfarbe? Bisher jedenfalls wohl nicht. Aber die Moralwächter wissen eins. Sie wissen, dass bei uns der Verteidigungsreflex aussetzt, sobald sie mögliche Opfer ins Spiel bringen. Sobald sie die Gefahr an die Wand malen, irgendjemand, und sei es eine fiktive Person, könnte beleidigt reagieren. Nun, meine afrikanischen Freunde zumindest bekommen keinen Herzschlag, wenn sie ihr Medikament in einer Mohrenapotheke kaufen müssen. Sie meiden auch keine Straßenbahnen, in denen Schwarzfahrern ein erhöhtes Beförderungsentgelt angedroht wird. Sie zumindest sind über solche Absurditäten erhaben.

Wie gesagt, Moralisten wollen die Macht. Und sie verteidigen ihre Macht mit allen Mitteln. In der ganzen westlichen Welt ist der Shitstorm, das hemmungslose Verleumden und Einschüchtern Andersdenkender, zum beliebten Gesellschaftsspiel geworden. Es verlangt daher tatsächlich beträchtlichen Mut, sich Moralisten entgegenzustellen – insbesondere dann, wenn man selbst schwarz ist. Und John McWhorter ist schwarz.

In den USA kennt man ihn. McWhorter ist Professor für Sprachwissenschaft an der Columbia University, er schreibt für die New York Times, und er sagt Dinge, die man nicht sagt. Zum Beispiel: dass der selbstgerechte Moralismus der Moralwächter die westliche Welt vergifte. Und dass er die ganze Welt in immer enger begrenzte Kulturkreise und schließlich in kleinste Opfergrüppchen zerstückele. Er wettert auch gegen die Forderung, Weiße müssten unentwegt Buße tun, für ihre Vergangenheit und ihre anhaltende Verdorbenheit. Dieser Moralismus, sagt er, nütze keinem – aber er zerstöre die Gesellschaft. Niemand sei mehr dagegen gefeit, wegen eines unbedachten Worts auf Twitter seinen Job, seine Stellung zu verlieren, geächtet und aus der Gesellschaft verstoßen zu werden. Er wagt sogar darauf hinzuweisen, dass deutlich mehr Afroamerikaner von einem afroamerikanischen Nachbarn getötet würden als von einem weißen Polizisten. Die Critical Race Theory bezeichnet er als neue Religion – und wird dafür angefeindet, als Verräter an seiner eigenen Community beschimpft.

Dabei schlägt der antirassistische Wahn mittlerweile auf die Schwarzen in den USA selbst zurück, wie der letzte Fall beweist, den ich anführen möchte.

Die 27-jährige Afroamerikanerin Alexi McCammond galt als journalistisches Ausnahmetalent. Das Magazin Teen-Vogue bot ihr den Posten der Chefredakteurin an, um der Zeitschrift, wie es hieß, eine neue, diverse Leserschaft zu erschließen. McCammond nahm an – und wurde keine zwei Wochen später wegen Rassismus gefeuert. Ihr Vergehen? Als 17-Jährige hatte sie nach einer Party getwittert, sie befürchte, anderntags mit „asiatisch geschwollenen Augen" aufzuwachen. Außerdem war sie damals offenbar in einem Indianerkostüm gesichtet worden. Zehn Jahre später wurden beide Verfehlungen bekannt, und ein Sturm der Entrüstung brach über sie herein, Firmen drohten sogar, ihre Werbeverträge mit Teen-Vogue zu kündigen. McCammond entschuldigte sich mehrfach und sprach von Jugendsünden, aber die Welt der Moralwächter kennt kein Pardon. „Du hättest diesen Gedanken, den du getwittert hast, nicht einmal haben dürfen!", lautete ein Twitter-Kommentar, und für Teen-Vogue war sie damit untragbar geworden, ihre Karriere einstweilen beendet.

Es dürften Weiße gewesen sein, die sich an den „asiatisch geschwollenen Augen" gestört hatten. Weiße, die ein neues Betätigungsfeld entdeckt hatten, nämlich: Gelbe gegen Schwarze aufzuhetzen.

14. DIE VERLIERER SIND DIE GEWINNER

Ist Jesus ein Weltverbesserer? Ich glaube, dass man es so nicht sagen kann. Weltverbesserer greifen ja in die Welt ein, sie wollen die Verhältnisse ändern, erfreulichere Lebensbedingungen schaffen und dafür einiges in Gesellschaft oder Politik fundamental anders regeln, durch die Umerziehung von Menschen und zur Not durch Gewalt. Jesus dagegen will nur eine Kleinigkeit verändern, und diese Kleinigkeit betrifft das Verhältnis zwischen dem einzelnen Menschen und Gott. Dieses Verhältnis möchte er auf eine neue Grundlage stellen, das soll eng, persönlich und direkt werden, und der Rest würde sich von selbst ergeben – die Welt würde sich dann zwar tatsächlich verändern, aber allein dadurch, dass die Menschen mit neuen Augen auf sich und die Welt blicken.

Das ist die Theorie. Aber wie sieht dieser Umgestaltungsprozess in der Praxis aus? Wir wissen bisher in etwa, wie sein Reich Gottes in die Welt kommen soll, aber wir haben noch keine rechte Vorstellung von seinen Bewohnern – wer kommt dafür infrage, wodurch zeichnen sich die Kandidaten für das Gottesreich aus? Jesus hat sich zu dieser Frage natürlich geäußert, aber gewöhnlich nicht in zusammenhängender Form.

Er geht ja nie systematisch vor, er fertigt keine Listen an. Er ist ein Mann der Praxis, das Ganze nach wie vor ein großes Experiment, und auch Jesus muss seine Erfahrungen machen. Einmal aber liefert er eine regelrechte Aufstellung jener Menschen, die aus seiner Sicht die Keimzelle des Gottesreichs bilden, und zwar am Beginn der Bergpredigt, in den sogenannten Seligpreisungen.

Hier, zu Beginn der Bergpredigt, erleben wir einen großen Moment. Da sitzen, hocken, stehen sie jetzt, seine Zuhörer, sein Publikum, auf freiem Feld, unter freiem Himmel. Seinetwegen sind sie gekommen, ihn wollen sie hören, und Jesus eröffnet seine Rede mit einer Art von Anfeuerungsrufen. Möglich, dass er seine Reden häufiger so beginnt und dass er den einzelnen Sätzen durch kurze, dramatische Pausen Nachdruck verleiht. Es sind Sätze, die bei seinen Zuhörern einschlagen. Nie gehörte, irritierende Sätze, jeder davon eine Verheißung: „Wer von euch lebt in Armut? Er soll sich glücklich schätzen! Wer von euch hat wiederholt Leid oder Unrecht erfahren? Er soll sich glücklich schätzen! Wer von euch gehört zu den Sanftmütigen, die von allen belächelt werden? Er soll sich glücklich schätzen! Wer von euch weiß, was das ist: Warmherzigkeit, Mitgefühl, Friedfertigkeit? Dann darf er sich glücklich schätzen! Und wer von euch ist schon beschimpft und verleumdet worden, weil er sich als mein Anhänger zu erkennen gegeben hat? Auch er soll sich über alle Maßen glücklich schätzen! Denn Armut, Leid und Verleumdungen sind ein Grund zum Jubeln! Und den Sanftmütigen, den Mitfühlenden und Friedfertigen wird eines Tages die ganze Erde gehören! Sie alle – nein:

Ihr alle bildet das Gottesreich! Ihr seid das Salz der Erde! Ihr seid das Licht der Welt! Denn von euch ist die Umgestaltung dieser Welt zu erwarten!"

Ein hochemotionaler Auftakt. Die meisten dürften sich jetzt angesprochen fühlen, denn viele seiner Zuhörer sind Habenichtse, kleine Leute, die weder im Staat noch in der Gesellschaft etwas zu sagen haben, die die Willkür der Mächtigen und die Verachtung der Hochanständigen kennen und manchen Schicksalsschlag erlebt haben. Sie haben nichts zu verlieren, aber in den Warmherzigen, den Mitfühlenden und Friedfertigen, von denen Jesus spricht, erkennen sie sich womöglich wieder. Er meint sie, so viel verstehen sie auf jeden Fall, aber jetzt fragt man sich doch: Was redet er da? All diese Leute, mit denen beim besten Willen kein Staat zu machen ist, sollen jetzt schon zu den Glücklichen – und künftig zu den Gewinnern gehören?

Ja. Er stellt die Verhältnisse auf den Kopf. Das ist das Erste, was sich zu diesem Auftakt der Bergpredigt sagen lässt: Jesus erklärt das Gesetz dieser Welt für ungültig, nach dem der Machtlose sich in sein Schicksal zu fügen hat und von der Gestaltung der Welt ausgeschlossen bleibt. Er sagt: Nein. Vielmehr ist es so: Der Gewinner ist der Verlierer, der Verlierer der Gewinner, und der Machtlose dem Mächtigen überlegen. Um zur Freiheit des Gottesreichs zu gelangen, müssen wir das Gesetz dieser Welt unterlaufen.

Außerdem aber stärkt er damit das Selbstbewusstsein seines Publikums. Er flößt ihm Selbstvertrauen ein. Beneidet nicht die Reichen!, ruft er ihnen zu. Beneidet nicht die Mächtigen!

Ihr seid die Beneidenswerten! Ihr, die ihr so gerade über die Runden kommt und deshalb aus Erfahrung wisst, worin das wahre Glück besteht, nämlich darin, Güte, Warmherzigkeit, Wohlwollen und Friedfertigkeit zu begegnen! Also, auf euch kommt es an! Ihr seid das Licht der Welt … Kurzum – Jesus macht nicht nur Mut. Er gibt seinen Zuhörern auch zu verstehen, dass ihnen eine aktive Rolle zugedacht ist, jedem von ihnen, in einem leisen, unmerklichen Prozess, der aber die Welt so verwandeln wird, dass sie nicht mehr wiederzuerkennen sein wird.

Und das Letzte, was sich dazu sagen lässt, ist eben dies: Hier, am Beginn der Bergpredigt, erleben wir den Anbruch des Gottesreichs. Hier haben wir schon die Ersten, die es in sich tragen, die zumindest dafür bereit sind, nämlich die Leiderfahrenen, Machtlosen, Warmherzigen und Friedfertigen unter seinen Zuhörern. Jesus ist mit seiner Vision schon nicht mehr allein.

Noch haben sie für uns kein Gesicht. Wir brauchen aber nicht lang zu warten, bis uns die Evangelisten einzelne Menschen vorstellen, die Jesus für Anwärter auf das Gottesreich hält, oder sagen wir: für die er zumindest besondere Sympathien hegt. Vorweg gesagt – alles ziemlich unmögliche Leute, und nicht nur die Sittenwächter dürften es befremdlich finden, welche Gesellschaft da zusammenkommt, nämlich zum Beispiel: ein Offizier der verhassten römischen Besatzungsarmee, eine stadtbekannte Hure, ein gewissenloser Lebemann in römischen Diensten und eine Ehebrecherin. Was findet Jesus an ihnen?

Nehmen wir als Ersten den römischen Offizier, einen Zenturio. Sie sind hartgesottene Kerle, diese Zenturionen, das Rückgrat der römischen Armee. Dieser hier befehligt eine kleine Garnison etwas außerhalb von Kafarnaum am See Genezareth, wo Jesus sporadisch auftaucht. Viel Kontakt zu den Einheimischen haben seine Soldaten nicht; wie alle Ausländer gelten sie frommen Juden als unrein, obendrein sollen sie die Bevölkerung der Unruheprovinz Palästina in Schach halten, das macht sie nicht beliebt.

Aber jetzt ist diesem Zenturio ein Mann ausgefallen, womöglich ein Unteroffizier, vielleicht einer seiner besten Leute. Der Mann kann sich vor Schmerzen nicht mehr bewegen, und auf die Nachricht hin, der gefeierte Volksredner und Wunderheiler Jesus sei gerade eingetroffen, begibt sich der Zenturio persönlich in die Stadt. Nun stelle man sich vor: Hier Jesus, verschwitzt und staubbedeckt, dort der Römer, wahrscheinlich mit feuerrotem Helmbusch und Beinschienen, womöglich das Schwert umgeschnallt – in Palästina weiß man ja nie –, und jetzt räuspert sich dieses Urbild römischer Weltherrschaft und sagt: „Einer meiner Männer …" – er deutet in Richtung der Garnison – „ich weiß nicht, was mit ihm ist. Liegt da und schreit vor Schmerz." Und Jesus erwidert prompt: „Gut, ich komme." Worauf der Zenturio abwehrend die Hände hebt. „Nein", sagt er, „das kann ich unmöglich verlangen. Das ist auch nicht nötig. Ein Wort von dir, und mein Mann wird gesund."

Jesus stutzt. Normalerweise bringen sie einen Kranken zu ihm, oder dessen Angehörige lassen ihn ans Krankenbett holen – und dieser Zenturio glaubt, er könne seinen Mann aus der Entfernung heilen? „Ja", erklärt der. „Das läuft doch bei dir nicht anders als bei mir. Wenn ich einen Befehl erteile, springen meine Leute auch" – mit anderen Worten: Was ich in der Armee bin, das bist du in dem Bereich, wo über Leben und Tod entschieden wird. Und Jesus wendet sich an seine Begleiter. „Hört euch das an", sagt er. „So viel Gottvertrauen habe ich bei meinen Landsleuten noch nie erlebt. Aber ich sage euch eins: Dieser Zenturio hier macht nur den Anfang. Im Reich Gottes werdet ihr bald viele solcher Leute antreffen, aus allen Himmelsrichtungen werden sie kommen." Und als der Zenturio in seine Garnison zurückkehrt, findet er den Kranken tatsächlich geheilt vor.

Das ist der Römer. Jetzt die Hure. Sie platzt in das Haus eines Pharisäers herein, als Jesus dort gerade nach römischer Sitte zusammen mit dem Hausherrn und anderen Gästen zu Tisch liegt. Offenbar ohne ein Wort der Erklärung, der Entschuldigung, geht sie daran, seine nackten Füße (mit ihren Tränen, sagt Lukas) zu waschen, mit ihrem Haar zu trocknen, sie abzuküssen und mit Öl einzureiben. Die Unterhaltung gerät ins Stocken, jeder schaut den anderen an – man kennt diese Frau –, aber Jesus lässt sie gewähren. Weiß er nicht, wer ihm da gerade diese doch einigermaßen intime Wohltat angedeihen lässt? Oh doch. Er genießt es trotzdem und wendet sich dann an den konsternierten Hausherrn, den Pharisäer. „Diese Frau mag kein vorbildliches Leben führen – so wie du. Aber", sagt er, „ich erkenne bei ihr mehr Liebe als bei dir, und nur das zählt. Wer so inbrünstig liebt, dem wird auch viel vergeben werden."

Im nächsten Moment spricht er die Frau direkt an: „Deine Sünden sind dir vergeben. Dein Glaube hat dich gerettet. Friede sei mit dir." Und wortlos, wie sie hereingekommen ist, aber vermutlich erleichtert und glücklich, zieht sie sich zurück.

Und der gewissenlose Lebemann? Er heißt Zachäus und gehört zu den verhassten Steuereintreibern in römischen Diensten, er ist sogar ihr Chef (Sektion Jericho). Viele hat er schon abkassiert und viele dabei übers Ohr gehauen – ein übler Bursche. Jetzt hat er erfahren, dass Jesus auf seinem Weg nach Jerusalem durch Jericho kommen soll, kann seine Neugier nicht mehr zügeln und begibt sich zur Hauptstraße. Dort aber ist alles voll, die ganze Straße von Menschen gesäumt, und da die Leute ihn nicht durchlassen, klettert er auf einen Baum und beobachtet von oben, wie Jesus mit seinem Gefolge einzieht.

Es herrscht Volksfeststimmung. Jesus in Jericho, das ist eine Sensation, viele sehen ihn heute zum ersten Mal, und auch der vornehme, stinkreiche Zachäus auf seinem Ast lässt sich von der allgemeinen Begeisterung anstecken. Unter seinem Baum angekommen, bleibt Jesus stehen und schaut hinauf. „Zachäus", ruft er ihm zu, „komm runter. Du hast ein schönes Haus, du wirst mich heute Nacht beherbergen." Sofortige Empörung seitens der Umstehenden – bei diesem Erpresser will er sich einquartieren? Den, ausgerechnet den will er mit seiner Gegenwart beehren? Ja, will er, und Zachäus fühlt sich wirklich geehrt. Mehr noch, er ist regelrecht aufgewühlt, und kaum wieder am Boden, drängt er Jesus mitzukommen. Unterwegs bricht es aus ihm heraus. „Ich mache alles wieder gut", legt er los. „Ich trenne mich von der Hälfte meines Besitzes und spende den Erlös für gute Zwecke. Und alle, die ich besonders geschröpft habe, werde ich doppelt und dreifach entschädigen!" Jesus nickt. „Du gehörst zu uns", sagt er, und an die staunenden Umstehenden gewandt: „Ihr wundert euch vielleicht, dass ich mich überhaupt mit einem solchen Menschen einlasse. Aber es ist nun mal mein Auftrag, verlorene Seelen zu suchen und zu retten." Was sich an jenem Abend im Haus des Zachäus abspielt, welche Gespräche geführt werden, erfahren wir leider nicht. Dass dabei ausgiebig getafelt und gezecht wird, dürfen wir annehmen.

Und schließlich, als Vierte, die Ehebrecherin.

Jesus spricht vor einer größeren Menschenmenge im Tempel zu Jerusalem, als einige Pharisäer mit einer Frau ankommen. Sie stoßen sie vor sich her, bleiben mit ihr vor Jesus stehen und schnauben: „Hier, diese Frau haben wir auf frischer Tat beim Ehebruch erwischt. Nach dem Gesetz gehört sie gesteinigt. Und – wie ist deine Meinung dazu?" Jesus stellt sich taub. Er geht in die Hocke und kritzelt geistesabwesend mit dem Finger in den Staub, als wäre die Sache für ihn nicht von Interesse. Aber die Pharisäer lassen nicht locker, und da erhebt er sich, schaut ihre Ankläger der Reihe nach ins Gesicht und sagt: „Wer von euch ohne Sünde ist, der werfe den ersten Stein." Dann wendet er sich ab, geht wieder in die Hocke und kritzelt weiter. Nach einer Weile blickt er auf. Von den Pharisäern ist keiner mehr zu sehen; nur die Frau, immer noch zitternd, steht vor ihm. „Wo sind sie alle hin?" fragt er sie. „Hat dich keiner verurteilt?" „Nein", sagte sie, „keiner."

„Dann verurteile ich dich auch nicht. Aber lass dir in Zukunft nichts dergleichen mehr zuschulden kommen."

Das sind sie also: vier Beispiele für Menschen, auf die Jesus seine Hoffnungen setzt – keiner von ihnen ein mustergültiges Exemplar der menschlichen Gesellschaft. Also noch einmal gefragt: Was findet er an ihnen?

15. EIN FESTMAHL FÜR BETTLER

Geht man die Sache psychologisch an, stellt man fest: Alle vier sind in eine Krise geraten. Unsicher geworden. Erschüttert. Es dämmert ihnen, dass es so nicht weitergehen kann. Zumindest steht allen ihre eigene Unvollkommenheit plötzlich vor Augen; selbst der Zenturio muss seine Machtlosigkeit eingestehen. Sie sind Angeknackste und damit Menschen, die zu einem Kurswechsel bereit sind, die mit einem Mal für jenen Neuanfang empfänglich sind, den Jesus verkündigt und verkörpert. Oder anders gesagt: Sie haben den Panzer abgeworfen, der Gerechte und Selbstgerechte vor tieferen Einsichten in die eigene Misere schützt, sie suchen nach einer anderen Kraft, einem anderen Sinn, vielleicht einem anderen Leben. Und was Jesus angeht: Solche Leute sind nach seinem Herzen.

Alles andere ist ihm egal. Persönliche Vorgeschichten interessieren ihn nicht. Schurkereien der Vergangenheit kümmern ihn nicht. Auch Verdienste und Leistungen lassen ihn kalt. Was einer bisher war, dargestellt oder ausgefressen hat, spielt für ihn keine Rolle. Er ist von allen gängigen Vorurteilen frei, Berührungsangst kennt er nicht, er reitet nicht auf alten Verfehlungen herum, und auf moralische Vollkommenheit legt er schon

gar keinen Wert – wer sich damit brüstet, ist ihm sofort verdächtig. Offenbar sieht Jesus jeden Menschen ausschließlich in
seiner Möglichkeitsform, nämlich so, als wäre jeder zu allem
fähig, im Guten wie im Bösen, aber eben auch im Guten – fast
möchte man hier von seinem Glauben an den Menschen sprechen. Den Vernagelten ist leider kaum zu helfen – die Chance,
die Jesus bietet, muss man auch ergreifen wollen; er zwingt
ja keinen. Im Prinzip aber steht das Gottesreich jedem offen,
Guten wie Bösen, Männern wie Frauen, Römern wie Juden,
Verachteten wie Geachteten. Es schließt keinen aus.

Jesus macht sich allerdings nichts vor. In einer seiner Er-
zählungen vergleicht er das Gottesreich, wie so oft, mit einem
Festessen, zu dem zunächst nur gute Bürger geladen sind, die
Stützen der Gesellschaft. Die wollen aber nicht. Sie sind beschäftigt, sie finden alles mögliche andere wichtiger, und da
verfällt der Gastgeber auf die kuriose Idee, sein Haus stattdessen allen Bettlern und Krüppeln der Stadt zu öffnen. In
unseren Tagen müsste man auf deutschen Straßen lange nach
abgerissenen Gestalten suchen, aber damals waren die Verhältnisse so, wie sie heute noch in vielen armen Ländern sind, wo
Männer, Frauen und Kinder in Schmutz und Elend leben, an
den Straßenrändern hocken und die Hände aufhalten, und da
dürften die wenigsten von uns den Wunsch verspüren, diese
Menschen zu sich nach Hause einzuladen. Aber der Hausherr
dieser Erzählung geht so weit, er richtet jetzt ein Bankett für
Bettler aus, und wer die Rolling Stones-Platte Beggars' Banquet
besitzt, der schaue sich die Abbildung im Innenteil einmal an:
Ein wüstes Festmahl ist da zu sehen, mit den Stones in der

Rolle der Bettler, der vulgären Schlemmer, das Ganze in einer chaotischen Szenerie – und so, als bunten, zügellosen Haufen, stellt sich Jesus die Keimzelle des Gottesreichs vor? Mitten dazwischen womöglich ein römischer Zenturio? Eigentlich ein Skandal. Wie so vieles, was Jesus tut und ausspricht.

Wie gesagt: Mit den Gerechten kann er nichts anfangen. Von einem Aufstand der Anständigen verspricht er sich nichts. Er setzt seine Hoffnung auf die hoffnungslosen Fälle und wird bei anderen Gelegenheiten noch deutlicher, noch drastischer. „Eins sage ich euch: Halsabschneider und Dirnen werden eher ins Gottesreich kommen als ihr!", wirft er im Tempel Priestern und Schriftgelehrten an den Kopf, die ihn mal wieder zur Rede stellen wollen. Und ein anderes Mal wendet er sich an die anwesenden Pharisäer mit der ungeheuerlichen Aussage: „Im Himmel herrscht mehr Freude über einen einzigen reuigen Sünder als über 99 Gerechte." Schärfer und pointierter geht es kaum. Und jetzt stellt sich die Frage: Gehört Jesus selbst vielleicht gar nicht zu den Sanftmütigen, Barmherzigen und Friedfertigen, denen er in den Seligpreisungen zu Beginn der Bergpredigt Erde und Himmel verheißen hat?

Eine schwierige Frage. Sie lässt sich aber beantworten, wenn wir das Drama, in dem wir uns befinden, einmal aus der Distanz betrachten.

Seit seinem ersten Auftreten liegt das Neue mit dem Alten im Streit. Jesus trifft auf Widerstand, fordert diesen Widerstand aber auch heraus. Dass man sich seiner entledigen will, ist dem Menschenfischer bald klar. Er lässt sich davon nicht beirren, er hält an seinem Auftrag fest. Als begnadeter Redner spricht er mal mit Engelszungen, mal kämpft er mit harten Bandagen. Den Kontroversen ausweichen kann er nicht, will er auch nicht – er polarisiert zwangsläufig. Im Grunde ist es ein Drahtseilakt: Hier ist das Gottesreich, das mit ihm in die Welt gekommen ist, das sich jetzt anbahnt, an das er glaubt und für das er sich unermüdlich einsetzt, und da ist die „Welt", wie er es nennt, nämlich die alte Realität mit ihren Machtstrukturen, ihrem Oben und Unten, ihrem Gesetz des Stärkeren. So sehr er an das Gottesreich glaubt – in dieser alten Realität muss er sich behaupten (erst später, ganz zum Schluss, wird er diesen Versuch aufgeben). Er ist dabei nicht zimperlich, aber er begeht nicht den Fehler, den viele Visionäre vor und nach ihm begangen haben: Er rückt von seinen eigentlichen Zielen nicht ab. Er radikalisiert sich nicht. Er zahlt nicht mit gleicher Münze heim. Er lässt sich nicht provozieren. Er arbeitet weiter auf das Gottesreich hin und verkörpert es auch – durch seine innere Freiheit, seinen heiligen Leichtsinn, seine Parteinahme für die Schwachen und Unterdrückten, seine Heilungen, sein Gottvertrauen und seinen Glauben an den Menschen. Mit anderen Worten: durch seine Menschlichkeit. Bleibt die Frage, welche konkrete Vorstellung er von dieser neuen Welt des Gottesreichs hat. Wie würde sie im Einzelnen aussehen?

16. DIE RECHTE UND DIE LINKE WANGE

Jesus weiß natürlich, wie die Welt funktioniert. Dass Reichtum als erstrebenswert gilt und die Reichen beneidet werden. Dass auch die Mächtigen beneidet werden und jeder nach oben will. Dass man seinen Feinden alles Schlechte wünscht. Dass es bisweilen diebische Freude bereitet, andere herunterzuputzen. Dass man sich scheut, unangenehm aufzufallen, und deshalb sein Mäntelchen gern nach dem Wind hängt. Dass trotzdem jeder in der Gesellschaft etwas darstellen will, anerkannt werden und geachtet sein möchte. So läuft das. So ist das Leben. Und jetzt kommt Jesus und sagt: Nein, so läuft das nicht. Jedenfalls nicht im wahren Leben. Wenn ihr Gottes Perspektive einnehmen könntet, würdet ihr erkennen, dass das wahre Leben ganz anderes zu bieten hat, Besseres, Schöneres, nämlich Versöhnung statt Neid, Streit und Eifersucht, Freundschaft statt Feindschaft, Frieden statt Mord und Totschlag und Sorglosigkeit statt Geiz und Gier. Wenn ihr die Perspektive Gottes einnehmen könntet, würde euch dieses wahre, gottgewollte Leben sofort viel erstrebenswerter erscheinen als das, was die Welt unter Leben versteht. Und ich sage euch jetzt, was in den Augen Gottes zählt. Worauf es ankommt. Und wie man sich in der Welt behauptet, ohne nach Reichtum und Macht zu schielen, ohne Gewalt anzuwenden.

Damit sind wir bei der Bergpredigt. Matthäus hat sie aus vielen einzelnen Aussagen Jesu zusammengestellt, aber dass sie in dieser Form nie gehalten wurde, soll uns nicht stören – wir verdanken diesem Einfall des Evangelisten Matthäus sozusagen das Programm des Gottesreichs in konzentrierter Form; das ist viel wert. Vier Punkte aus diesem Programm will ich herausgreifen.

„Richtet nicht, damit ihr nicht gerichtet werdet." So lautet einer der Kernsätze der Bergpredigt. Sie besteht aus einer ganzen Reihe solcher knappen, einprägsamen Forderungen, und diese hier scheint mir besonders wichtig, denn damit fängt das Verhängnis im Grunde an. Damit, dass wir uns ein Urteil erlauben, als hätten wir die Wahrheit gepachtet, als wären wir im Besitz der Moral. Wer anders als wir denkt, wer anders als wir lebt, der liegt dann eben falsch – der Irrtum aller Sittenwächter und Moralapostel. Jesus hat mit ihnen ständig zu tun; er kann es nicht mehr hören, dieses unablässige Verurteilen und Heruntermachen, diese ewige moralische Besserwisserei. Jedes abfällige Urteil fällt am Ende auf den Urheber zurück und entlarvt ihn selbst – als überheblich, als missgünstig oder selbstgefällig. Es ist eben niemand vollkommen, deshalb Vorsicht! Bevor du einem anderen den Zahn ziehst, überprüf dein eigenes Gebiss, womöglich sind bei dir ein Dutzend Zähne faul – so könnte man Jesu Beispiel vom Splitter im Auge des anderen und dem Balken im eigenen auch formulieren. Nichts gegen eine klare Haltung, aber – begegne jedem Menschen erst einmal mit dem denkbar größten Wohlwollen! Gib ihm die Chance, sich von einer anderen Seite zu zeigen. Und sei ehrlich zu dir selbst, mach dir und anderen nichts vor, so wie es die Scharlatane des Glaubens tun, die doch wahrhaftig glauben, Gott könnte mit ihnen ganz zufrieden sein. „Ich richte keinen", sagt Jesus im Johannesevangelium, und tatsächlich finde ich in den Evangelien keine Stelle, wo er einen Einzelnen verurteilt. Aus der Haut fährt er trotzdem manchmal. Impulsivität ist im Gottesreich erlaubt.

Das wäre Programmpunkt Nummer eins. Dabei belässt er es natürlich nicht. Stellt noch höhere Ansprüche an euch!, fährt Jesus fort, und bleibt auch dann bei eurem Wohlwollen, wenn es hart auf hart kommt, wenn sich Streit nicht vermeiden lässt. Stellt euch dann nicht stur, kommt dem anderen entgegen, bietet ihm Versöhnung an. „Wie oft soll ich meinem Bruder, meinem Freund denn verzeihen?", will Petrus später von Jesus wissen – „siebenmal?" „Siebzigmal siebenmal", antwortet der, also: Mach's dir zur Gewohnheit, über die Fehler und Unverschämtheiten anderer wohlwollend hinwegzusehen.

Man sieht schon, dass die Freiheit bei Jesus ihren Preis hat. Vorschriften missachten, sich nichts mehr sagen lassen? Jesus hat nichts dagegen, er tut es selbst – aber vertretbar ist das Aufbegehren gegen Vorschriften erst dann, wenn man stattdessen mehr von sich selbst verlangt. In dem Maße, in dem man den Regeln seinen Gehorsam verweigert, müssen die Ansprüche wachsen, die man an sich selbst stellt. Und Jesus verlangt noch mehr, ja sogar Ungeheuerliches.

Zu Beginn der Bergpredigt heißt es noch: „Sei auch deinem Widersacher wohlgesonnen." Das klingt noch einigermaßen zumutbar. Im weiteren Verlauf aber steigert Jesus diese Forderung, er steigert sie ins beinahe Übermenschliche. „Liebt auch eure Feinde!", heißt es an einer Stelle, und an einer anderen: „Wenn dich einer auf die rechte Wange schlägt, halte ihm auch die linke hin."

Diese beiden Sätze haben es in sich. Für viele stellen sie die Quintessenz des christlichen Glaubens dar. In jedem Fall haben sie Jesus sozusagen weltberühmt gemacht, aber auch Zweifel geweckt und Kritik ausgelöst. Ist dieser moralische Rigorismus nicht völlig wirklichkeitsfremd? Ist er nicht utopisch? Propagiert Jesus hier eine Moral für Fortgeschrittene, ja für Heilige? Eine Sonntagsmoral, die im Alltag nie und nimmer funktioniert? Und – geht die Feindesliebe nicht jedem normalen Menschen gegen den Strich?

Das tut sie zweifellos. Aber könnte es sein, dass Jesus missverstanden wurde? Was, wenn er hier gar nicht von Moral spricht? Wenn er hier stattdessen eine Strategie empfiehlt, die es den Bürgern des Gottesreichs ermöglicht, in einer feindlichen Umwelt zu überleben? Denn die Verhältnisse werden sich ja nicht von heute auf morgen ändern. Das Gottesreich muss sich auf seine eigene Weise in dieser Welt behaupten, mit seinen eigenen Mitteln, und das sind auf keinen Fall gewaltsame – Gewalt wäre Verrat an der Idee des Gottesreichs. Was aber wäre die Alternative? Sich alles gefallen zu lassen? Alles mit sich machen zu lassen? Das würde kaum zu Jesus passen; wir haben ihn anders kennengelernt.

Nein, ich glaube vielmehr: Jesus gibt seinen Zuhörern hier eine Strategie an die Hand, die Unterlegenen zur Überlegenheit verhilft. Er stellt eine Guerillataktik für Sanftmütige vor.

Aber der Reihe nach.

Zunächst einmal: Jesus betreibt keine Politik. In politische Verhältnisse greift er nicht ein, aus politischen Fragen hält er sich heraus. Die Sphäre der Macht interessiert ihn überhaupt nicht. Er verachtet sie nicht einmal, er fliegt sozusagen unter ihr hinweg und richtet jedes Wort, das er sagt, direkt an den Einzelnen in seiner eigenen, alltäglichen Sphäre. Jesus kennt nur individuelle Menschen, die mit privaten Problemen konfrontiert sind. Der Maßstab der Bergpredigt gilt also nicht für die Politik. In diesem Bereich wäre es unsinnig, die andere Wange hinzuhalten.

Außerdem brauchen die Mächtigen keine spezielle Strategie, um ihren Willen durchzusetzen und ihre Widersacher gegebenenfalls aus dem Weg zu räumen; sie können ihre Überlegenheit ja jederzeit ausspielen. Aber Mächtige hat Jesus nicht vor sich. Er hat diejenigen vor sich, die es schwer haben, denen es von anderen schwer gemacht wird, die Unterlegenen. Leute, die sich gegen das Unrecht, das Stärkere ihnen antun, nicht wirksam wehren können, und denen sagt er: Das Böse, das euch widerfährt, nicht bekämpfen! – es wäre zwecklos. Keinen Widerstand leisten, nicht handgreiflich werden, nicht einmal auf stur schalten! – es würde zu nichts führen. Von einer Eskalation dürft ihr euch nichts versprechen. Aber von einer Strategie der Deeskalation. Also der Wut den Wind aus den Segeln nehmen! Die Aggression ins Leere laufen lassen! Den Teufelskreis des Bösen durchbrechen! Raus aus der Gewaltspirale, wo ein Unrecht das nächste nach sich zieht, und so immerfort … Jemand schlägt dich? Halte ihm auch die andere Wange hin! Jemand entreißt dir im Streit deine Jacke? Gib ihm noch deinen Mantel dazu! Jemand zwingt dich, sein Gepäck eine Meile weit zu tragen? Trag es ihm freiwillig zwei Meilen weit! Mit anderen Worten: Setze der Gewalt etwas entgegen, das dich in eine moralisch stärkere Position bringt, womit der andere nicht rechnet, das ihn aus dem Konzept bringt und womöglich beeindruckt. Oder nachdenklich macht und zur Besinnung kommen lässt.

Die andere Wange hinhalten … Es ist gerade keine Unterwürfigkeitsgeste. Es heißt nicht, Wehrlosigkeit und Leidensbereitschaft zum Ideal machen. Es ist eine Überrumpelungstaktik, zu der Größe und Charakterstärke gehören. Es ist eine Strategie der Irritation, die ein passives Opfer in einen aktiv Handelnden verwandelt – und den Angreifer ganz nebenbei beschämt. Es bietet außerdem den besten Schutz davor, selbst vom Virus des Bösen angesteckt zu werden, und im Übrigen: Jeder kann diese Strategie der Deeskalation anwenden, auch der Schwächste.

Wir sollten uns vom Begriff der Feindesliebe also nicht abschrecken lassen; seinen Feind zu lieben ist in der Tat schwierig. Aber es wäre ja schon viel gewonnen, wenn wir ihn nicht verteufeln würden. Wenn wir ihm bei allem Ärger zu verstehen gäben, dass wir auch in ihm nur einen Menschen sehen, oder vor allem einen Menschen. Unseresgleichen.

Jedenfalls bleibt Jesus auch in der Bergpredigt der Pragmatiker, als den wir ihn kennen. Was er von seinen Anhängern verlangt, ist Selbstüberwindung, aber die sollte nicht unmöglich sein. Es zeichnet uns als Menschen ja gerade aus, dass wir nicht reflexhaft reagieren müssen und über uns hinauswachsen können. Und dieser Glaube an den Menschen durchzieht die ganze Bergpredigt, er lässt sich auch aus dem vierten Punkt herauslesen, auf den ich zum Schluss eingehen will.

„Nehmt den schmalen Weg", sagt Jesus da, „nicht die breite Straße. Auf dem schmalen Weg seid ihr mehr oder weniger allein, das ist wahr – die meisten nehmen seit jeher die breite Straße. Aber diese Straße führt in den Untergang, während der schmale Weg zum Leben führt." Mit dieser Aufforderung entlässt Jesus seine Zuhörer. Es ist eine letzte Aufforderung zu selbstständigem Denken, ein Appell an den eigenen Verstand, an das eigene Gewissen, denn was ist damit anderes gemeint als: Orientiert euch nicht an der Masse. Folgt nicht dem Zeitgeist. Macht euch auf den beschwerlichen Weg dessen, der auf eigenen Beinen durchs Leben wandert, der sich nicht vom Strom der breiten Masse mitreißen lässt.

Dazu gehören natürlich eine enorme Stärke, eine große Selbstsicherheit, auch kämpferische Qualitäten. Das Großartige an der Bergpredigt ist, dass sie aufzählt, was diese Stärke ausmacht und wie man zu dieser Stärke gelangen kann. Ein Friedensgesäusel ist sie also nicht, aber das wäre von Jesus auch nicht zu erwarten gewesen.

17. DER TANZ UMS GOLDENE KALB DER IDENTITÄT

Seit ich wieder in meinem Heimatkloster Sankt Ottilien bin, lebe ich auf sechzehn Quadratmetern. So groß ist mein Zimmer hier. Von Sant'Anselmo in Rom war ich anderes gewöhnt, großzügigere Abmessungen, aber auch ein anderes Wetter, und natürlich viele Reisen zu unseren Klöstern in aller Welt. Mit meinem Abschied von Rom 2016 habe ich mich umstellen müssen, und viele haben mir damals prophezeit, ich würde nach meinem Umzug in ein Loch fallen. Nun, ich habe kein Loch bemerkt. Wenn sie mich später nach meinem Befinden fragten, habe ich geantwortet: „Ich grabe gerade an dem Loch, in das ich fallen soll."

Eigentlich gibt es im Leben eines Mönchs keine Löcher. Wir haben einen geregelten Tagesablauf, schon durch die festgesetzten Stundengebete, aber auch sonst erlege ich mir Disziplin auf. Wenn ich in der Früh aufstehe, gehe ich grundsätzlich als Erstes zu meinem Laptop, stelle Rockmusik ein und mache fünf Minuten lang meine Freiübungen. Als Nächstes wird der Instantkaffee aufgegossen, mit einer Prise Kardamon und einem halben Teelöffel Honig. Anschließend gehe ich unter die Dusche – dreimal heiß, dreimal kalt –, und wenn ich rauskomme, bin ich fit und bereit für meinen Kaffee. Viel Zeit bleibt dann nicht, denn jetzt geht's in die Klosterkirche, zum Stundengebet, dann zur Messe, hinterher zum Frühstück. Wieder auf meinem Zimmer, mache ich sauber, klopfe meine Pfeifen aus, spiele zehn Minuten auf der Querflöte und vertiefe mich anschließend in eine Lektion meines Arabisch-Lehrbuchs, bevor ich mich meinem Computer zuwende und Telefonate führe … Und so geht der Vormittag vorüber.

Weshalb ich das erzähle? Weil es in diesem Kapitel um Identität geht, oder genauer: um die verzweifelte Suche vieler, vor allem junger Menschen nach ihrer Identität. Sie suchen diese Identität in sich selbst, so als könnte man seinen ureigensten Persönlichkeitskern bestimmen, wenn man nur lange genug aufmerksam in sich hineinhorcht oder hineinfühlt – oder lange genug sein Spiegelbild betrachtet. Ich fürchte, das ist ein Irrtum, denn Identität wird gestiftet. Sie bildet sich unter dem Einfluss aller äußeren Faktoren aus, die ein Leben lang auf uns einwirken. So gesehen bin ich als Mönch ein Musterbeispiel von Identität, denn in meinem Fall sind die äußeren Faktoren klar und stark und prägend – und somit wunderbar geeignet, Identität zu stiften.

Mein Lebenssinn und -zweck ist klar definiert. Der Klosteralltag hat seine eigenen, bewährten Strukturen. Auch meine festen Gewohnheiten, die sich wiederum aus den Lebensumständen im Kloster ergeben, wirken sich identitätsstiftend aus. Ich habe es also vergleichsweise leicht. Natürlich ist jeder Mönch anders – gerade das Kloster bringt sehr unterschiedliche Persönlichkeiten hervor –, aber als Angehörige des Benediktinerordens besitzen wir alle eine gemeinsame Identität: Wir wissen (im Großen und Ganzen), wer wir sind. Wir wissen, was wir wollen. Wir wissen, wo wir geistig hingehören. Natürlich erschöpft sich die Persönlichkeit jedes Einzelnen nicht in dieser Identität, aber die Identität bildet das Fundament jeder Persönlichkeit. Sie ist so etwas wie Heimat, aus Herkunft und Lebensgeschichte zusammengesetzt.

Ein Problem der heutigen Identitätsdebatte scheint mir zu sein, dass die Begriffe Identität und Persönlichkeit durcheinandergeworfen werden. Was heißt denn Identität? Laut Duden: völlige Gleichheit oder Übereinstimmung. Und was ist mit Persönlichkeit gemeint? Das genaue Gegenteil, nämlich Einzigartigkeit des Charakters, Unvergleichlichkeit, kurz: Individualität. Das eine ist ohne das andere nicht denkbar, aber es sind zwei sehr verschiedene Dinge.

So kann man zum Beispiel von einer deutschen Identität reden, aber kaum von einer deutschen Persönlichkeit. Warum? Weil deutsch jene allgemeinen Faktoren meint, die von außen auf mich eingewirkt und mich geprägt haben und auf diese Weise meine Identität geformt haben. Aber der Charakter, der diese äußeren Impulse verarbeitet, ist nicht deutsch. Er ist einzigartig, er ist individuell, er lässt sich in keine Schublade einordnen, und erst im Zusammenwirken von Identität und Charakter entsteht allmählich die Persönlichkeit. Identität ist also etwas Objektives. Sie ist nicht in mir verankert, ich habe nur an ihr teil, und weil sie viel größer ist als ich, gibt sie mir Sicherheit. Persönlichkeit hingegen ist immer ein Wagnis. Sie ist ja das Ergebnis eines Verarbeitungsprozesses, den ich auf mein eigenes Risiko, auf meine eigene Verantwortung hin geleistet habe, und dieses Ergebnis kann so oder so ausfallen – geradestehen muss ich dafür aber in jedem Fall. Auf meine Identität trifft das nicht zu, sie ist Schicksal.

Identität muss in Individualität verwandelt werden, darin besteht der Drahtseilakt des Lebens, und der will offenbar nicht mehr gelingen. Liegt es an einem verbreiteten Gefühl der Heimatlosigkeit? Oder an einer wachsenden Unfähigkeit, sich als Person abzugrenzen? Gar nicht mehr für sich selbst zu existieren? Oder an der beängstigenden Erfahrung, nur noch ein beliebiger Farbklecks im knallbunten Bild einer kunterbunten Gesellschaft zu sein?

Identität versteht sich jedenfalls nicht mehr von selbst. Wohl deshalb ist sie in den letzten Jahren zur Waffe in einem rüden Gerangel um Selbstbehauptung geworden, zu einem Kampfbegriff, der zur Verteidigung einer schwach ausgeprägten Persönlichkeit ins Feld geführt wird. Und was man sich alles von der schmerzlich vermissten Identität verspricht! Nicht nur Selbstsicherheit, nicht nur Heimat, sondern auch jene Einzigartigkeit, die eigentlich nur die Persönlichkeit bieten kann. Mit anderen Worten: Identität ist zum Aushängeschild der Persönlichkeit geworden. Sie soll jetzt obendrein Exklusivität garantieren.

Nun können die wenigsten Menschen genau sagen, woraus sich ihre Identität im Einzelnen zusammensetzt. Elternhaus, Schule, Bildung, Kulturkreis, Gesellschaftsschicht, ethnische Zugehörigkeit, Zeitläufe, Kontakte – die Zahl der Faktoren, die uns geprägt haben, ist einfach zu groß. Identität ist etwas Komplexes und selbst in meinem Fall nicht ganz so einfach – da gibt es ja auch noch meine Allgäuer Herkunft, meine Kindheit im Krieg, die langen Krankheitsphasen … Aber man kann es sich auch leicht machen. Man muss es sich sogar leicht machen, wenn man Identität als Waffe im Kampf um Selbstbehauptung und gesellschaftliche Macht einsetzen will. Und man macht es sich leicht, indem man einfach ein einzelnes Gruppenmerkmal herausgreift und als identitätsstiftend ausgibt – zum Beispiel die Hautfarbe, wie es in der Radical Race Theory geschieht. Hautfarbe springt ins Auge, sie eignet sich daher vorzüglich, um Identität zu definieren und Menschen in Schubladen einzusortieren.

Andere leiten ihre Identität von ihrer heimatlichen Kultur ab und erklären ihre Traditionen und künstlerischen Ausdrucksformen für unantastbar. Als wäre diese Kultur ihr exklusives Eigentum, wird alles daran eifersüchtig gehütet und nach allen Seiten abgeschirmt. Aus Angst um ihre kostbare Identität bekämpfen sie jede Art von kultureller Vermischung, dulden keine Überschneidungen und leugnen alle Gemeinsamkeiten. Damit alles schön getrennt bleibt, haben diese Leute die Todsünde der kulturellen Aneignung erfunden. Was ist darunter zu verstehen? Hier einige Beispiele.

Eine Europäerin legt sich einen Afro-Haarschnitt zu, und eine schwarze Aktivistin findet das „extrem verletzend". Warum? „Weil die kulturellen Realitäten völlig verwischt und zu einem Vergnügen gemacht werden. Meine Kultur wird sozusagen zu einer Verkleidung …" Für europäische Haare also bitte nur europäische Frisuren!

In Kanada wird ein Yogakurs für behinderte Studenten abgesetzt. Warum? Weil das Zentrum für Studenten mit Behinderung findet, dass sich Weiße durch Yoga die indische Kultur unrechtmäßig aneignen. Schließlich habe Indien „aufgrund des Kolonialismus und der westlichen Vormachtstellung Unterdrückung, kulturellen Völkermord und Vertreibung erlitten" – also Schluss mit Yoga, das sind wir den Indern schuldig.

Eine Kantine bietet ein vietnamesisches Gericht an – und eine Studentin vietnamesischer Herkunft protestiert: Der Koch habe sich nicht ans Originalrezept gehalten! Sie tritt eine Medienkampagne gegen die Kantine los; die Kantinenleitung muss sich für den zugefügten Schmerz bei ihr entschuldigen, und die Presse warnt: Wenn Weiße ein solches Gericht abändern, betreiben sie kulturelle Aneignung! Und natürlich fällt auch das Indianerkostüm zu Karneval genauso unter kulturelle Aneignung wie die Verkleidung als Chinese. Von der Verkleidung als Afrikaner gar nicht zu reden.

In diesen Kreisen herrscht, wie man sieht, eine fürchterliche Angst davor, jemand könnte sich an ihrer Kultur – oder an irgendeiner anderen – vergreifen. Wer es versucht, wer sich zum Beispiel von anderen Kulturen zu eigenen Werken anregen lässt, wird als Rassist beschimpft. Man mauert sich in seiner kulturellen Identität ein und feuert auf jeden, der sich in der üblen Absicht, daran teilzuhaben, nähert. Komm mir nicht zu nahe! Meine Kultur gehört mir! – Als hätte jeder Mensch ein Monopol auf seine Kultur. Geht es noch spießiger?

Wieder andere wollen von einer schicksalhaften Identität wie Hautfarbe oder Kulturzugehörigkeit nichts mehr wissen.

Für sie ist der Mensch auch im Hinblick auf seine Identität autonom, also von äußeren Gegebenheiten unabhängig. Er wird einzig und allein durch sich selbst geprägt und sucht das Fundament seiner Persönlichkeit in sich selbst. Er will dieses Fundament erfühlen, als säße seine Identität schon immer dort drinnen, als warte sie nur darauf, entdeckt zu werden. Und was gibt es dort zu entdecken? Das eigene Geschlecht. Genauer: ein tiefsitzendes Gefühl der eigenen geschlechtlichen Identität. So lautet jedenfalls die Erkenntnis der Transgender-Bewegung.

Nun will ich diese Erkenntnis nicht ohne Weiteres als Unfug ab tun. Zwar reicht es in den meisten Fällen, an sich herunterzugucken, um sein Geschlecht zu bestimmen, aber nicht immer. Kein Zweifel, dass manche Menschen ihren Körper als ein Versehen der Natur empfinden und sich deshalb nicht auf ihr natürliches Geschlecht festlegen lassen wollen. Ich verstehe auch, dass solche Menschen um ihre Anerkennung in der Gesellschaft kämpfen müssen und dieser Kampf sie an den Rand der Verzweiflung bringen kann. Wenn mir die Transgender-Bewegung trotzdem nicht geheuer ist, liegt es nicht an der Sache selbst, sondern an den radikalen Thesen und Forderungen von Transgender-Aktivisten, die bisweilen mit erschreckender Aggressivität auftreten.

Ist es tatsächlich eine unwiderlegbare Wahrheit, dass ein natürliches Geschlecht überhaupt nicht existiert? Dass erst ein sogenanntes Geschlechtsempfinden zuverlässig Auskunft darüber erteilt, welchem Geschlecht jemand angehört? Dass die Natur in diesem Punkt also kein Wörtchen mehr mitzureden hat? Und wird die Sexualität nicht doch überschätzt, wenn sie zum Persönlichkeitskern verklärt wird, zum A und O der Existenz? Ich will und kann diese Fragen nicht endgültig entscheiden, aber unbestreitbar dürfte sein, dass diese Thesen alle möglichen verwirrenden Folgen haben.

Zum Beispiel diese: Jedem soll es freistehen, sein Geschlecht nach eigenem Gutdünken selbst zu bestimmen. Wer sich in seinem Körper unwohl fühlt, gehört da auch nicht hinein und hat Anspruch auf ein anderes Geschlecht – Männer dürfen sich als Frauen, Frauen als Männer ausgeben. Und mittlerweile sind verschiedene europäische Länder tatsächlich dabei, die gesetzliche Grundlage für einen beliebigen Wechsel des Geschlechts zu schaffen; einige wollen sogar ermöglichen, sich alljährlich für ein anderes Geschlecht zu entscheiden. Offenbar gehen sie davon aus, dass auf das Gefühl eben doch kein absoluter Verlass ist.

Allerdings – man will sich ja unterscheiden. Die Natur lässt einem in aller Regel nur die Wahl zwischen männlich und weiblich, das ist zu wenig. Man braucht deutlich mehr Geschlechter, deshalb werden Zwischenformen gesucht und Dutzende von gefühlten Geschlechtern auch tatsächlich entdeckt. In Deutschland fasst man sie noch unter der Bezeichnung „divers" zusammen, aber hier und dort wird angesichts dieses Wirrwarrs schon überlegt, das biologische Geschlecht offiziell ganz abzuschaffen.

Ich finde daran manches beängstigend – zum Beispiel, dass der Gesetzgeber dabei nicht dem Willen einer Mehrheit der Bevölkerung gehorcht, sondern einer rabiaten Minderheit nachgibt. Wie diese Minderheit ihr Menschenbild durchzusetzen versucht, möchte ich zum Schluss an folgendem Vorfall aus England verdeutlichen.

Im November 2021 kündigt die britische Philosophin Kathleen Stock nach 16 Jahren Lehrtätigkeit ihre Stelle an der University of Sussex. Sie ist mit den Nerven am Ende. Jahrelang ist sie dem organisierten Psychoterror von Studenten und Kollegen ausgesetzt gewesen. In einem offenen Brief wurde sie von 600 Akademikern aus aller Welt (auch aus Deutschland) verleumdet, auf dem Campus unablässig aufs Übelste beleidigt und als Nazi verteufelt, schließlich in einem Fußgängertunnel von einem vermummten Mob mit Rauchfackeln empfangen, beschimpft und bedroht; die Wände des Tunnels waren mit Plakaten gepflastert, die ihre Entlassung forderten. Der Grund für diese Hexenjagd? In ihren Blogs und Schriften hat Stock zu behaupten gewagt, das Geschlecht sei biologisch begründet und nicht dem Belieben des Einzelnen überlassen. Für Transgender-Fanatiker Grund genug, ihr das Leben zur Hölle zu machen, denn – Menschen, deren Identität vom biologischen Geschlecht abweicht, würden sich zutiefst verletzt fühlen, wenn ihnen das Recht auf freie Wahl von Umkleidekabinen oder Toiletten verwehrt würde … Man riet Stock sogar, Bodyguards zum Schutz vor dieser akademischen Hetzmeute zu engagieren; sie selbst spricht von einer „absolut schrecklichen Zeit". Jetzt ist das Ziel erreicht, das Opfer zur Strecke gebracht.

Die Universitätsleitung übrigens sah dem Treiben tatenlos zu. Eine wie Kathleen Stock konnte sie nicht brauchen. Schließlich war der University of Sussex der Titel „Diversity Champion" verliehen worden, und diese Auszeichnung wäre wohl wieder aberkannt worden, hätte die unbelehrbare Stock weiterhin von zwei biologischen Geschlechtern geredet. Vielfalt, versteht sich, muss Grenzen haben. Und um Grenzen, nicht um Vielfalt, geht es hier in Wirklichkeit.

18. DIE TYRANNEI DER MINDERHEITEN

Es ist ja auch alles andere als einfach. Die Welt ist unübersichtlich geworden. Wer blickt noch durch? Alte Gewissheiten sind längst ins Wanken geraten, die Grenzen zwischen Realität und Fiktion verschwimmen, alles wird diffuser. Was sind unsere letzten unveränderlichen Merkmale? Was lässt sich überhaupt noch bewahren? Oder sind wir der Globalisierung mit ihrer Vermischungs- und Vereinheitlichungstendenz wehrlos ausgeliefert?

Ich glaube, dass die Persönlichkeit jedes Einzelnen heute einer echten Belastungsprobe ausgesetzt ist. Die äußeren Einflüsse sind übermächtig geworden, und die innere Unabhängigkeit droht verloren zu gehen. Am Ende vermag man sich nur noch durch die Augen von anderen zu sehen, hält ihren Blicken aber nicht mehr stand. Wer bin ich überhaupt? Wie kann ich mich gegen die Ansprüche der Außenwelt behaupten? Wo sollte ich nachgeben, wo standhaft bleiben? Die Sehnsucht nach Unerschütterlichkeit, nach einem stabilen Selbstverständnis muss unter diesen Umständen ebenfalls übermächtig werden. Ist es da ein Wunder, dass vor allem junge Menschen sich auf ihr Gefühl zurückziehen?

Ein Wunder ist es nicht, aber es ist ein gefährlicher Weg. Was ist schwankender als das Gefühl? Und ausgerechnet darauf soll sich meine Identität jetzt gründen, wie es die Transgender-Aktivisten propagieren? Ausgerechnet meine Gemütsverfassung soll mir Halt geben, einen Zufluchtsort im Chaos bieten? Und jetzt stelle man sich vor, dass bereits 14-Jährigen das Recht eingeräumt werden soll, über ihr Geschlecht frei zu bestimmen. Und nicht nur das: Mit dem Vorhaben der Regierungsfraktionen von FDP und Grünen und der Reformierung des Transsexuellengesetzes geht die Absicht einher, die Möglichkeit zu schaffen, durch hormonelle und chirurgische Eingriffe seinen Körper dem gefühlten Geschlecht „anpassen" zu lassen. Solche Eingriffe sind keineswegs harmlos und fallen auch längst nicht immer nach Wunsch aus, aber rückgängig zu machen sind sie kaum. Ist 14-Jährigen, die sich mitten in den Wirren der Pubertät befinden, wirklich eine so weitreichende Entscheidung zuzutrauen?

Geradezu unheimlich wirkt dabei der Versuch, sich mit seiner Identität vollständig von der Natur abzukoppeln. also jener Natur, die wir eigentlich lieben und hochhalten, schützen und retten wollen. Haben wir denn nicht die Bedeutung der Natur für das Leben auf unserem Planeten erkannt? Regenwälder, Feuchtgebiete, Klima – auf allen Gebieten versuchen wir inzwischen, die Natur wieder zu ihrem Recht kommen zu lassen; wo es aber um unser Selbstverständnis geht, soll die Natur kein Mitspracherecht mehr haben?

Was mich daran am meisten irritiert, ist die schleichende Unterwerfung von Regierungen unter die Forderungen von

Moralwächtern aller Art. Ausgerechnet der demokratische Staat, in dem der Wille der Mehrheit zum Ausdruck kommen soll, macht sich zum Erfüllungsgehilfen von Minderheit – und Medien, Bildungseinrichtungen und Unternehmen schließen sich an. Das Bundesverfassungsgericht hat bereits das dritte Geschlecht eingeführt; jetzt setzen die ersten Unternehmen ihren Ehrgeiz darein, prominente Posten publicitywirksam mit Transgender-Menschen zu besetzen, und an manchen Universitäten wird schon daran gearbeitet, das Geschlecht – und damit auch die Familie – überhaupt aus dem Denken zu tilgen; so schlägt die Universität Canberra in Australien zum Beispiel vor, Begriffe wie „Vater" und „Mutter" ganz aus dem Wortschatz zu streichen. Das Ziel ist die geschlechtslose, abstammungslose, in Tausende zusammenhanglose Grüppchen aufgesplitterte Gesellschaft. Ob damit für die Identität viel gewonnen ist?

So, wie die Identitätsdebatte heute geführt wird, wirft sie wahrlich viele Fragen auf. Auch politische Fragen, wie zum Beispiel diese: Wäre es nicht an der Zeit, die Mehrheit vor der Minderheit zu schützen? Mittlerweile nämlich sind die Verhältnisse auf den Kopf gestellt.

Ich will vorwegschicken, dass Minderheiten selbstverständlich ein Anrecht auf Schutz genießen. Der Minderheitenschutz ist eine großartige Errungenschaft moderner Gesellschaften. Aber dürfen sie deshalb alles? Dürfen Minderheiten die Mehrheit überstimmen? Infrage stellen, was die Mehrheit denkt, ist erlaubt, sogar erwünscht, nur – was, wenn sie das Meinungsmonopol anstreben? Wenn Minderheiten der Mehrheit ihren

Willen aufzuzwingen versuchen, und zwar mit allen Mitteln, inklusive Verleumdung und Bedrohung? Hat dann die Mehrheit das Recht, davor geschützt zu werden?

Wenn sich der Staat zum Komplizen aggressiver Minderheiten macht, ist es um die Mehrheit jedenfalls schlecht bestellt. Sie ist auf die Solidarität des Staates angewiesen, sie kann sich sonst nicht wehren. Zur Zeit erleben wir aber etwas anderes. Die Mehrheit der Bevölkerung wird einem Umerziehungsprogramm durch Behörden, Medien und Bildungseinrichtungen ausgesetzt, für alle wahrnehmbar vor allem auf einem Gebiet: dem der Sprache. Genauer gesagt: der geschlechtergerechten Sprache, für die sich die Bezeichnung Gendern eingebürgert hat.

Jeder weiß, was damit gemeint ist, denn Gendersternchen, Doppelpunkt, Unterstrich und Binnen-I tauchen immer häufiger im Schriftbild auf, doch nur wenige können sich damit anfreunden. An Hochschulen, in Medien und in der Verwaltung wird heutzutage fleißig gegendert, auch zwangsweise, aber einer Umfrage von Infratest zufolge ist eine Zweidrittel-Mehrheit der Bevölkerung dagegen; selbst unter Frauen und Wählern der Grünen herrscht überwiegend Ablehnung. Warum greift das Gendern trotzdem um sich? Wem sind wir als Sprecher der deutschen Sprache – und damit sind ja auch alle Ausländer gemeint, die sich die deutsche Sprache unter beträchtlichen Mühen angeeignet haben –, wem also sind wir das Gendern schuldig? Den Frauen im Allgemeinen jedenfalls nicht. Den Feministinnen? Aber weshalb? Aus meiner Sicht sprechen jedenfalls viele gute Gründe dagegen, und weil das

Thema die Gemüter erhitzt, will ich an dieser Stelle ausführlicher auf sie eingehen.

Erstens: In jeder Sprache kann jeder alles sagen, alles ausdrücken, was er sagen und ausdrücken möchte, Christliches und Unchristliches, Feministisches und Unfeministisches. Aber die Sprache als solche darf niemals zum Träger von Ideologien oder Botschaften werden, weil sie den Sprecher damit zum unfreiwilligen Sprachrohr einer Ideologie, in diesem Fall: zum unfreiwilligen Botschafter des Feminismus machen würde. Bislang ist dieses Verfahren deshalb nur in Diktaturen zur Anwendung gekommen oder als abschreckendes Beispiel in Zukunftsromanen aufgetaucht, die eine düstere Zukunft unter einem Diktator ausmalen.

Zweitens: Der deutsche Plural, das sogenannte generische Maskulinum, ist eine geniale Sache, nämlich die Quadratur des Kreises. Als Pluralartikel bedienen wir uns des weiblichen Artikels „die", während das Substantiv die männliche Form aufweist, und so kommen beide Geschlechter zum Zug. Das wiederum heißt: Der deutsche Plural ist geschlechtsneutral, er umfasst alle, Frauen genauso wie Männer. Wer „die Terroristen" sagt, meint Attentäter beiderlei Geschlechts, wer „die Terroristinnen" sagt, ausschließlich weibliche Attentäter. Die feministische Dopplung ist überflüssig, abgesehen von Ausnahmefällen wie: Meine Damen und Herren!

Drittens: Die ständige Dopplung stößt schnell an ihre Grenzen, wenn ein Satz verständlich bleiben soll. Gesprochen wie geschrieben zwingt konsequentes Gendern zu einer Umständlichkeit, ja Verkrampftheit, die flüssiges Reden und Lesen

erheblich erschwert, weshalb in der Alltagssprache kaum jemand Gebrauch davon macht. Einige Schriftsteller schrecken
darüber hinaus vor der Hässlichkeit der feministischen Sprache zurück.

Viertens: Wenn es die Absicht der sogenannten gerechten
Sprache ist, die Präsenz von Frauen und anderen Geschlechtern ins Bewusstsein zu rufen, um ihre Lage zu verbessern,
müsste sie in Ländern wie Georgien deutlich erfreulicher als
in Deutschland sein, denn dort kommt das Geschlecht in
der Sprache gar nicht zum Ausdruck. Rein linguistisch werden Frauen und Männer gleich behandelt – genauso wie im
Amharischen, der äthiopischen Verkehrssprache, wo genau
das Gegenteil geschieht: Männlich und Weiblich müssen hier
ständig berücksichtigt werden. Selbst für die Verben gibt es
eigene, weibliche Formen; unübersehbar sind Frauen hier in
der Sprache repräsentiert. Haben wir es in diesen zwei Ländern
also mit feministischen Mustergesellschaften zu tun? Nicht unbedingt, würde ich sagen.

Fünftens: Wer wird sich als Nächstes mit seiner Vorstellung
von „gerechter Sprache" melden? Es warten Dutzende von Ge-
schlechtsidentitäten – womöglich auch andere Identitäten – darauf, sich in der Sprache zu verewigen. Würde man allen nachgeben, wäre das Ergebnis die restlose Verballhornung unserer
Sprache. Wenn aber kein vernünftiges Argument fürs Gendern
spricht, wie erklärt sich dann der Siegeszug des Genderns in
Ämtern, Medien, Bildungseinrichtungen und Unternehmen?

Es ist wohl so, dass auch in diesem Fall die gute, moralische
Absicht die Mittel heiligt. Wer jetzt die Mittel kritisiert, gerät

ins moralische Abseits, weil er sich damit gleichzeitig der guten Absicht widersetzt, und wer will sich dem Verdacht aussetzen, dem moralischen Fortschritt im Wege zu stehen?

Viele Unternehmen wollen es nicht – lieber ergreifen sie die Gelegenheit, sich mit einer moralischen Pionierleistung zu schmücken. Schulen und Universitäten sind ohnehin für moralische Beweisführungen anfälliger als für vernünftige. Staat und Medien wiederum verstehen sich schon länger als moralische Anstalten (der eine oder andere wird noch die „Taliban:innen" einer ZDF-Nachrichtensprecherin im Ohr haben). Mit anderen Worten: Nicht nur bei Denkmälern, Bildern und Straßennamen heißt es heute Minderheit gegen Mehrheit, auch auf dem Gebiet der Sprache als solcher. Was gesagt werden darf und was nicht, wie gesprochen werden darf und wie nicht, darauf haben auch bei uns inzwischen Moralwächter jeder Couleur Einfluss. Die Sprache als Prüfstein der Gesinnung – kann das gutgehen? Oder werden sich die Gesellschaften des Westens in immer weitere Gruppen aufspalten, von denen jede ihre eigene Sprache pflegt, ihre eigene Wahrheit bejubelt, nach eigenem Recht handelt und jede der Allgemeinheit ihre Sicht der Dinge aufzwingen will? Wie lange wird sich unsere Politik dann noch am Gemeinwohl orientieren?

19. WIE MAN ETWAS BESONDERES WIRD

„Was meinst du mit Nächstenliebe?", wird Jesus von einem Pharisäer gefragt. „Dieser Nächste, von dem du spricht, wer soll das sein?" Und da Jesus keine trockenen Definitionen mag, wohl aber anschauliche Beispiele, erzählt er folgende Geschichte.

„Ein Mensch nahm die Straße von Jerusalem nach Jericho durch die Wüste. Dort lauerten ihm Räuber auf, prügelten ihn halbtot, raubten ihn aus und ließen ihn liegen. Nacheinander kamen ein Priester und ein Levit des Wegs, sahen den Verletzten und gingen weiter. Erst ein Mann aus der Provinz Samaria, der geschäftlich unterwegs war, hielt seinen Esel an, ging zu dem Verletzten hin, behandelte seine Wunden, legte auch einen Verband an, hob ihn dann auf sein Reittier und brachte ihn zum nächsten Gasthof. Anderntags gab er dem Wirt Geld und sagte: ‚Kümmere dich bitte um den Mann. Und sollte eine größere Summe für seine Genesung nötig sein, erstatte ich dir den Restbetrag, wenn ich auf dem Rückweg wieder hier vorbeikomme.'" Jesus schaut den Pharisäer an. „Und nun frage ich dich: Wer von den dreien ist dem Ausgeraubten zum Nächsten geworden?"

Ja, das ist das Gleichnis vom barmherzigen Samariter, das Sonntagsparadebeispiel für Nächstenliebe. So bekannt es ist, lohnt es sich doch, dieses Gleichnis näher in Augenschein zu nehmen, denn nicht alles daran wird auf den ersten Blick klar.

Auch hier kann sich Jesus eine Stichelei gegen die Frommen nicht verkneifen. Ausgerechnet ein Priester und ein Levit überlassen den Ausgeraubten seinem Schicksal. Beide arbeiten im Tempel, also an heiligem Ort – befürchten sie, sich am Blut des Verletzten zu verunreinigen? Der Eindruck der Herzlosigkeit überwiegt jedenfalls. Und ausgerechnet ein Mann aus Samaria leistet dem Überfallenen Erste Hilfe, wo die Samariter frommen Juden doch als halbe Heiden gelten, nicht viel besser als Römer und andere Ausländer. Nun gut, vielleicht wollen Priester und Levit die gefährliche Wegstrecke auch nur so schnell wie möglich hinter sich bringen, die Räuber könnten ja noch in der Nähe sein. Aber auch solche Überlegungen zählen für den Samariter nicht – er lässt sich von diesem Bild des Jammers anrühren und tut im Grunde nur das Nächstliegende: das, was in seiner Macht steht, um dem Verletzten zu helfen. Das Selbstverständliche. Es überfordert ihn nicht, es ist keine Selbstaufopferung damit verbunden, und sicher liegt man nicht falsch, wenn man dieses Gleichnis als Aufforderung versteht, nicht lange zu überlegen und einfach das Notwendige zu tun – das, was eben nötig ist, wenn Not am Mann ist. Aber wie schwer kann das Selbstverständliche, das Nächstliegende fallen! Mir kommt dazu der Bericht eines Schweizer Pfarrers aus der Coronazeit in den Sinn.

Es gab eine Beerdigung. Eine traurige Angelegenheit – nur fünf Menschen standen im vorgeschriebenen Abstand um das Grab, während der Pfarrer seine Bibelworte und Gebete sprach. Da näherte sich ein Fremder, offenbar ein Bettler, ein Obdachloser, und gesellte sich dazu – möglicherweise in der Hoffnung auf ein paar Franken, nachdem seine Einnahmequelle auf der Straße während des Lockdowns versiegt war. Obwohl er den Toten nicht gekannt haben dürfte, trat der Mann als Letzter ebenfalls ans Grab, sprach ein Gebet und weinte dabei, heftiger als die anderen Trauergäste. Wäre es jetzt nicht angebracht gewesen, den Bettler irgendwie einzubeziehen, ihn anzusprechen, ihm etwas Geld zuzustecken, ihn überhaupt irgendwie zu bemerken? Der Pfarrer gesteht, dass sich niemand – er nicht, die anderen nicht – dazu aufraffen konnte. Was war der Grund dafür? Corona? Ansteckungsgefahr? Oder schlichtweg die merkwürdige Situation? Und überhaupt – was fiel diesem Menschen ein? Man ignorierte ihn, so gut es ging. Ein Wort, eine Geste, und die Peinlichkeit der Situation hätte sich im Nu verflüchtigt, aber keiner traute sich.

Auch eine solche Geschichte hätte Jesus erzählen können – das Gleichnis von den unbarmherzigen Samaritern. Wer, hätte er dann am Ende gefragt, ist diesem Bettler zum Nächsten geworden? Die Antwort hätte lauten müssen: keiner. Nein, es ist nicht selbstverständlich, das Selbstverständliche zu tun; nicht selten kostet es Überwindung. Schon aus Angst vor einer Blamage, aus Angst vor Vorwürfen kann die Nächstenliebe unter die Räder geraten. Jesus sieht die selbstverständliche Nächstenliebe aber vor allem dadurch gefährdet, dass man der Faszination von Macht oder Reichtum erliegt. Sogar in seinen eigenen Reihen gibt es welche, die nicht dagegen gefeit sind.

Jeder will nach oben, auch seine Jünger. Sie müssten ihn inzwischen eigentlich kennen, aber anscheinend haben sie bislang wenig verstanden, denn unterwegs streiten sie darüber, wer von ihnen im Kreis der Zwölf die erste Geige spielt. Sie legen sogar politische Ambitionen an den Tag und versprechen sich Führungspositionen für den Fall, dass es mit dem Gottesreich demnächst so richtig losgeht. Ihre Begriffsstutzigkeit bringt Jesus gelegentlich zur Verzweiflung – „Wie lange muss ich euch noch ertragen?!", herrscht er sie einmal an, und ein ums andere Mal erklärt er ihnen: Macht ist Unterdrückung! Egal, ob jemand im Staat oder in der Gesellschaft Macht erlangen will, auch ganz egal, welche guten Beweggründe er dafür angibt – seine eigentliche Absicht ist, andere zu unterdrücken! Hört also auf, von der Macht zu träumen. Ihr wollt etwas Besonderes sein? Ihr wollt groß sein? Dann macht euch klein! Im Reich Gottes ist derjenige groß, der sein Leben als Dienst an den anderen versteht. Wenn ihr die Welt mitgestalten wollt, dann ist das sehr wohl möglich, aber nur im Dienst aneinander und füreinander. So verändert ihr die Welt wirklich, und auf diese Art wird man etwas Besonderes … Und dann, wohl häufiger und immer wieder, sagt er einen dieser paradoxen Sätze, aus denen klar wird, dass das Gottesreich die herrschenden Verhältnisse auf den Kopf stellen wird. Er sagt: Merkt euch eins – die Ersten werden die Letzten und die Letzten werden die Ersten sein.

Dabei lehnt er die politische Macht keineswegs ab. Oder sagen wir: Er hält sie für ein notwendiges Übel – irgendjemand muss diese Arbeit machen und im Staat für halbwegs geordnete Verhältnisse sorgen. Im Palästina seiner Zeit sind das die Römer; sie kassieren dafür Steuern und handeln sich damit natürlich den Unmut der jüdischen Bevölkerung ein. Während einem der üblichen Streitgespräche wird Jesus von Pharisäern gefragt, ob man es als Jude überhaupt mit seinem Gewissen vereinbaren könne, den römischen Kaiser zu finanzieren. Ja, sagt er, kann man, Steuernzahlen ist nämlich keine Gewissensfrage. Der Staat ist das eine, die Religion ist das andere – werft nicht beides in einen Topf!

Mit anderen Worten: Jesus ist durchaus der Meinung, dass staatliche Strukturen notwendig sind. Sie stehen aber dem Aufblühen des Gottesreichs nicht im Wege, weil das Gottesreich seinen Weg über die Herzen und Köpfe, das Wollen und Wünschen der Menschen nimmt. Der Anstoß zu dieser Entwicklung muss immer vom Einzelnen ausgehen, der dann in die Gesellschaft hineinwirkt – nicht ausgeschlossen allerdings, dass die Veränderungen eines Tages auch die Politik erfassen werden. Grundsätzlich aber setzt Jesus auf eine Umgestaltung von unten, nicht von oben, denn alle Macht trägt den Keim der Unterdrückung in sich. Ein politischer Aufrührer – wie der Vorwurf gegen ihn später lauten wird – ist er also auf keinen Fall. Politik und Religion haben für ihn nichts miteinander zu tun; sie spielen sich in ganz unterschiedlichen Bereichen des Lebens ab.

Dass Jesus unentwegt daran arbeitet, Machtverhältnisse in der Gesellschaft aufzulösen, haben wir bisher schon oft genug erlebt. Kinder, Frauen, Arme, Reiche, Gebildete, Ungebildete – er macht keinen Unterschied; seiner Einstellung zu Frauen werde ich mich im nächsten Kapitel widmen. Genauso unvereinbar mit dem Gottesreich wie die Macht aber erscheint ihm noch etwas anderes, nämlich Reichtum.

Wenn Macht Unterdrückung bedeutet, dann bedeutet Reichtum Abhängigkeit. Nicht, dass Jesus etwas gegen Reiche persönlich hätte, im Gegenteil. Seine Gastgeber bei diversen Festmählern und Abendessen dürften nicht gerade arm gewesen sein, und im Fall des steinreichen Zachäus setzt er sich ungerührt über die Buhrufe des Publikums hinweg, als er sich selbst bei ihm als Übernachtungsgast einlädt. Wie wir ebenfalls im nächsten Kapitel sehen werden, braucht Jesus die Reichen sogar und ist mit einigen auch befreundet, aber es gibt da ein Problem: Reichtum macht süchtig.

Da läuft unterwegs ein junger Mann auf ihn zu, wirft sich Jesus vor die Füße und fragt ihn, was er tun müsse, um ins Gottesreich zu gelangen. Dass er aus besten Verhältnissen kommt, ist nicht zu übersehen, wahrscheinlich hat er etliche kostbare Ringe an den Fingern und duftet gut. Jesus zählt ihm die Zehn Gebote auf – nicht töten, nicht ehebrechen, nicht stehlen, nicht lügen –, und der junge Mann beteuert, sich zeitlebens an alle gehalten zu haben. „In diesem Fall", sagt Jesus, „brauchst du ja nur noch eins zu machen, nämlich dich von deinem Vermögen zu trennen und dein ganzes Geld Leuten zu geben, die es bitter nötig haben." Die Reaktion ist absehbar – der junge Mann schaut betrübt drein und winkt resigniert ab; unter diesen Umständen verzichtet er, das ist zu viel verlangt.

Die Probe aufs Exempel. Das ist es, was Jesus immer sagt, in der Bergpredigt, bei vielen anderen Gelegenheiten, eigentlich ständig: Es gibt an Reichtum, Macht und gesellschaftlichem Ansehen nichts zu beneiden. Dies alles verdirbt nicht unbedingt den Charakter, aber es macht abhängig. Man liefert sich damit dem Zwang zum Erfolg aus und ist zu einer sorgenvollen Existenz verdammt, weil man so viel zu verlieren hat. Die Gedanken kreisen nur noch um die Vermehrung des Reichtums, die Wahrung der gesellschaftlichen Stellung, und im Ergebnis kommst du nie zur Ruhe, verkrampfst dich, versteifst dich, verhärtest dich gegen dich selbst und deine Mitmenschen. Das Gottesreich ist schon deshalb nichts für Reiche, weil es loslassen bedeutet, völlig neu anfangen können, aufgeschlossen sein für ganz andere Vorstellungen von einem glücklichen Leben. Die Reichen und Mächtigen müssten ihren Vertrag mit der Welt kündigen, aber das machen sie nicht. Sie kleben an den bestehenden Verhältnissen, weil sie den Fortbestand ihres zweifelhaften Glücks garantieren, denn den bestehenden Verhältnissen verdanken sie ihren Status und ihren Luxus. Hat es der junge Mann gerade eben nicht wieder bewiesen? Er würde sich uns vielleicht gern anschließen, aber er kann es nicht! Diese Leute sind in ihrer Luxuswelt gefangen …

Und Jesus ärgert sich. Er ärgert sich, weil er diesen jungen Mann sehr sympathisch fand. „Eher zwängt sich ein Kamel durch ein Nadelöhr, als dass ein Reicher ins Reich Gottes findet" – dieser berühmte Satz ist traurig, ja halb verzweifelt gesprochen; Jesus hätte den jungen Mann gern dabeigehabt, er hatte es ernst gemeint. Aber so ist es nun mal: Sein Gottesreich verlangt Offenheit und innere Freiheit. Es ist Ausbruch und Aufbruch – Ausbruch aus erstarrtem Denken und Aufbruch in die Ungebundenheit des reinen Gottvertrauens, in die Freiheit eines Lebens, das ohne Garantien und Absicherungen auskommt. Geradezu begeistert reagiert Jesus deshalb, als er im Tempel eines Tages eine alte Frau aus ärmsten Verhältnissen dabei beobachtet, wie sie ihr letztes Geld, wenige kleine Münzen, in den Opferkasten am Eingang wirft. „Habt ihr das gesehen?“, ruft er seinen Jüngern zu. „Endlich mal jemand, der nicht am Geld klebt! Andere hier haben viel mehr reingeworfen, im Verhältnis zu ihrem Einkommen aber so gut wie nichts. Diese Frau aber trennt sich für einen guten Zweck von ihren letzten Groschen!“ So etwas beeindruckt ihn. Solche Menschen liebt er.

Einerseits also wendet sich Jesus immer wieder und mit scharfen Worten gegen Macht- und Habgier und gibt dem Ehrgeiz deshalb eine andere Richtung. Ich kann verstehen, dass ihr groß herauskommen wollt, sagt er zu seinen Jüngern, aber unter den Bedingungen des Gottesreichs bedeutet das etwas anderes, nämlich: „Wer unter euch groß sein will, der sei euer Diener“ – mithin einer, der auf alle Ehren pfeift, die diese Welt zu bieten hat, der nicht auf Luxus, Ansehen und bürgerliche Reputation schielt. Andererseits aber hat Jesus nicht nur keine Vorbehalte gegen die Reichen – er kennt auch keinerlei Berührungsangst, wenn es ums Geld geht, denn ohne Geld käme auch sein Unternehmen, die Menschenfischerei, bald zum Erliegen.

20. JESUS IN WEIBLICHER GESELLSCHAFT

Ich kenne das. Benediktinerklöster sind Wirtschaftsbetriebe. Benediktiner und Benediktinerinnen müssen für ihren Lebensunterhalt arbeiten, sie müssen Geld einnehmen, sie haben aber auch beträchtliche Kosten; allein der Unterhalt der Klostergebäude, der Klosterkirchen verschlingt große Summen. Mein Orden finanziert sich also selbst, und früher, als Erzabt von St. Ottilien, habe ich oft betteln gehen müssen. Als ich später Abtprimas wurde, hatte ich gehofft, es sei mit der Bettelei vorbei. Stattdessen bin ich vom Regen in die Traufe gekommen, und bis zum heutigen Tag betätige ich mich als Fundraiser für unser römisches Kloster Sant'Anselmo. Man mag kaum glauben, dass es Jesus ähnlich ging.

Aber so ist es. Sein Unternehmen hat inzwischen gewisse Dimensionen angenommen. Mittlerweile zieht er mit einem Schwarm von Anhängern und Bewunderern durchs Land – wer kümmert sich um diese Menschen? Muss da nicht Vorsorge getroffen werden? Muss da nicht geplant, müssen da nicht Mittel aufgetrieben werden? Jesus als Kopf der Bewegung kann diese Karawane unmöglich sich selbst überlassen. Er ist für diese Menschen verantwortlich, und das heißt im Klartext:

Sein Unternehmen erfordert eine Organisation. Es erfordert Mittelbereitstellung, Logistik, Aufgabenverteilung, einen Stab für die Proviantbeschaffung, für die Sicherheitsvorkehrungen, das Almosenwesen und so weiter. Alles Dinge, die im Hintergrund ablaufen und für die christliche Botschaft später keine Rolle spielen werden, die das Projekt Gottesreich aber erst ermöglichen: Die Route muss geplant und die Unterbringung wie die Versorgung geklärt werden, Quartier muss gemacht und das Ganze erst einmal finanziert werden. Wer mit Jesus durch die Lande zieht, der verdient nichts, der kann nicht für sich selbst aufkommen, und da auch niemand Jesus Vortragshonorare zahlt, müssen wohl oder übel Sponsoren gesucht werden. Unterstützer für ein recht kostspieliges Unternehmen.

Gottlob gibt es, übers ganze Land verteilt, eine Sympathisantenszene. Es sind begüterte, teilweise einflussreiche Menschen, denen die Sache Jesu am Herzen liegt, die sich aber nicht exponieren wollen und wohl auch deshalb von den Evangelisten kaum wahrgenommen werden – mit einer Ausnahme: Lukas geht wenigstens am Rande auf sie ein. Und auf diese Hintermänner und Hinterfrauen (vor allem sie, wie wir gleich sehen werden) ist anscheinend Verlass, denn nach allem, was sich zum Thema Finanzen in den Evangelien findet, kann Judas als der zuständige Vermögensverwalter mit den Einnahmen sehr zufrieden sein. Woraus lässt sich das entnehmen?

Natürlich sprechen die Evangelisten das Thema nicht direkt an. Wir brauchen aber auch nicht zu spekulieren, denn Anhaltspunkte liefern sie. Der erste, noch vage, lässt sich folgender Geschichte entnehmen: Jesus findet es an der Zeit, dass seine

Anhänger ihre eigenen Erfahrungen als Heiler und Verkündiger seiner Botschaft sammeln. Sie sind lange genug dabei, jetzt schickt er sie in großer Zahl los, jeweils zu zweit, nicht ohne ihnen vorher genaue Anweisungen mit auf den Weg zu geben, und da heißt es unter anderem: „Nehmt keinen Geldbeutel mit, auch keinen Proviantsack. Esst, was man euch vorsetzt!"

Keinen Geldbeutel, also kein Geld? Das scheint nicht das Übliche zu sein. Ganz offensichtlich bringt Jesus diese Männer damit in eine ungewohnte Lage – vielleicht auch, damit sie gar nicht erst in die Versuchung kommen, sich Heilungen hinter seinem Rücken bezahlen zu lassen. In erster Linie aber will er wohl verhindern, dass seine Botschafter sich für etwas Besonderes halten, und sorgt deshalb dafür, dass sie allein vom Wohlwollen der Leute abhängig sind – „Umsonst habt ihr empfangen, umsonst sollt ihr geben", schärft er ihnen bei dieser Gelegenheit ein. Dieser Probelauf findet jedenfalls unter Bedingungen statt, die härter sind als gewohnt. Aber was sind Jesu Begleiter sonst gewohnt?

Eine üppig gefüllte Gemeinschaftskasse. Das wird dem Leser der Evangelien schlagartig klar, wenn es zur sogenannten Speisung der Fünftausend kommt.

Die riesige Menschenmenge, mit der es Jesus an diesem Tag zu tun hat, bekommt allmählich Hunger. Es ist später Nachmittag geworden, man hat seit dem Frühstück nichts mehr gegessen, und seine Jünger schlagen ihm vor, die Leute gehen zu lassen, „damit sie sich etwas zu essen kaufen können." Jesus will davon nichts wissen. Er entgegnet: „Gebt ihr ihnen zu essen", worauf die Jünger leicht erstaunt mit folgender Frage reagieren: „Sollen wir jetzt wirklich loslaufen und für 200 Dinar Brot kaufen?" Eine aufschlussreiche Stelle.

Wohlgemerkt: Die 200 Dinar sind da. Diese Summe scheint man für solche Zwecke übrig zu haben. Und es dürften sogar noch deutlich größere Reserven vorhanden sein, wenn seine Jünger ernsthaft in Erwägung ziehen, diesen Betrag jetzt für ein einziges Massenpicknick auszugeben – sollte man sich eine Ausgabe in dieser Höhe nämlich nicht leisten können, wäre der Vorschlag erst gar nicht gemacht worden. Und 200 Dinar sind viel Geld. Auf etwa 300 Dinar beläuft sich das Jahreseinkommen eines Arbeiters zu dieser Zeit; grob geschätzt entsprechen 200 Dinar nach heutigen Maßstäben also mehreren Tausend Euro. Die Jesusleute scheinen aus dem Vollen schöpfen zu können.

Nicht weniger aufschlussreich ist eine Begebenheit im 12. Kapitel des Johannesevangeliums. Diesmal ist Jesus bei wirklich reichen Leuten zu Gast, zwei vornehmen Damen namens Marta und Maria. Letztere schwärmt regelrecht für ihn und salbt seine Füße eines Tages mit Nardenöl von geradezu unfassbarem Wert – Johannes bleibt sozusagen der Mund offen stehen, als er beim Schreiben an diese Stelle kommt – „echtes, kostbares Nardenöl", notiert er, und: „Das ganze Haus duftete danach." 300 Dinar muss dieses Fläschchen gekostet haben, so kalkulieren die Jünger im Stillen, also ein Vermögen, und der für Einnahmen und Ausgaben zuständige Judas kann es nicht länger mitansehen. Er macht seinem Unmut Luft und schimpft los: „Welche Verschwendung! Man hätte dieses Öl verkaufen sollen! Wie viele Bedürftige hätte man für 300

Dinar satt bekommen!" Hier bleibt nun wiederum dem Leser der Mund offen stehen, denn was heißt das anderes, als dass die immense Summe von 300 Dinar nach Ansicht des Judas nicht zur Finanzierung der laufenden Kosten gebraucht, sondern gleich in die separate Kasse für Wohltätigkeitszwecke fließen würde! Judas hat ja die Übersicht über die Vermögensverhältnisse, er wird schon wissen, was er sagt … Und damit genug. An Unterfinanzierung leidet die Jesusbewegung ganz offenbar nicht. Aber wo hat sie das Geld her?

Damit kommen wir zu den stillen Unterstützern, den begüterten Sympathisanten. Möglich, dass auch Männer darunter sind – der ehemalige Steuereintreiber Levi Matthäus käme dafür infrage, auch der schwerreiche Zachäus, eventuell sogar hochstehende Persönlichkeiten wie Joseph von Arimathia, Mitglied des Hohen Rats, und der einflussreiche Pharisäer Nikodemus, zu dem Jesus geheime Kontakte unterhält. Überhaupt dürfte es nicht wenige Pharisäer geben, die ihm durchaus wohlwollend gegenüberstehen und ihn mit der Bemerkung zum Essen einladen: Ich weiß da ein paar Leute, die du kennenlernen solltest … Man kann sich vorstellen, worüber an einem der nächsten Abende dann gesprochen wird. Genaueres aber erfahren wir nicht – sicher hingegen ist: Es sind vor allem Frauen. Begüterte, mit Jesus befreundete oder von ihm faszinierte Frauen wie Johanna, Ehefrau eines hohen Beamten am Hof von König Antipas mit Namen Chusa. Wie Susanna, über die wir nicht viel wissen, oder Marta und Maria, über die wir erstaunlich viel wissen, oder Maria Magdalena, die immer vorne mit dabei ist, die zumindest immer als Erste genannt wird und deren Rolle nicht wirklich klar wird, die ihren Besitz aber vermutlich den Jesusleuten überschrieben hat. Dazu kommen nach Lukas etliche andere Frauen, die anonym bleiben, aber nicht untätig: Von dorther fließt auf jeden Fall regelmäßig Geld in die Kasse des Judas, wobei einige dieser Frauen obendrein ihre Häuser als Nachtquartiere zur Verfügung stellen und Jesus samt Anhängerschaft verköstigen, wenn er bei ihnen zu Gast ist. Solche Stützpunkte wird es allerdings nur hier und da gegeben haben; in den meisten Fällen dürften zwei Jünger vorausgeschickt worden sein, um in einem Ort entlang der Strecke Übernachtungsmöglichkeiten ausfindig zu machen.

Da diese Frauen größtenteils verdeckt operieren, regen sie die Fantasie an. Johanna zum Beispiel. Als Ehefrau eines Hofbeamten ist ihre Situation kompliziert, denn im Herrschaftsgebiet des Antipas ist Jesus der Aufrührer Nummer eins; König Antipas ist nicht gut auf ihn zu sprechen und lässt ihn ohne Zweifel beschatten, und Johanna wäre erledigt, falls ihre Verbindung zu Jesus herauskäme. Aber sie hat von Jesus gehört, anfangs Gerüchte, später zuverlässige Berichte, mit der Zeit ist ihre Neugier auf den Mann in Faszination und Bewunderung umgeschlagen, und so hat sie den beinahe tollkühnen Entschluss gefasst, diesen Jesus zu unterstützen. Nur wie? Mit ihm umherzuziehen kommt für sie natürlich nicht in Betracht. Aber er würde Geld brauchen … Ist es möglich, dass sich die beiden in Booten auf dem nächtlichen See getroffen haben? Und wenn sich Johanna nicht selbst auf dieses Abenteuer eingelassen hat, dann vielleicht eine Person ihres Vertrauens? Tiberias, der Regierungssitz, liegt ebenfalls am See Genezareth,

Kafarnaum ist nicht weit, und die besten Freunde von Jesus sind Fischer, besitzen Boote … Solche Geheimunternehmen sind jedenfalls nicht undenkbar.

Anders liegen die Dinge bei Marta und Maria. Ich stelle sie mir als reiche Erbinnen vor, unverheiratet, völlig frei in ihren Entscheidungen. Auf Jesus sind sie schon früh aufmerksam geworden und ihm seither freundschaftlich verbunden; Maria ist sogar etwas mehr als Verehrung anzumerken. Mit ihrem Bruder Lazarus bewohnen sie eine Villa in Bethanien – ein Dorf, das von Jerusalem nur durch den Ölberg getrennt ist –, darüber hinaus gehört ihnen ein hübscher Landsitz im oberen Jordantal. Es ist wohl nicht falsch, sie der High Society zuzurechnen, und einmal mehr nehmen wir erstaunt zur Kenntnis: Jesus bewegt sich nicht nur unter einfachen Leuten, auch die bessere Gesellschaft öffnet ihm ihre Türen. Jedenfalls darf Jesus auf die Gastfreundschaft der beiden zählen; ihre Häuser im Jordantal und in Bethanien stehen ihm und seinen Jüngern jederzeit offen, und Jesus macht von diesem Angebot gern Gebrauch.

Einmal kommt es zu einer kleinen Verstimmung zwischen Marta und Maria. Als Jesus nämlich wieder einmal das Landhaus der beiden aufsucht und eine Menge Gäste zu versorgen sind – außer den Jüngern auch zahlreiche Nachbarn, die Jesus unbedingt erleben wollen –, sitzt Maria wie gebannt unter seinen Zuhörern, während Marta mit dem Personal in der Küche schuftet. Irgendwann wird es Marta zu bunt. Sie kommt heraus, unterbricht Jesus und zischt: „Wir haben in der Küche alle Hände voll zu tun, und Maria sitzt hier herum. Sag ihr bitte, sie möge augenblicklich in der Küche erscheinen!" Und Jesus schlägt sich auf die Seite von Maria. Er erkennt die Mühe, die sich Marta seinetwegen macht, dankbar an – „Aber", sagt er, „ich kann Maria unmöglich dafür tadeln, dass ihr die Wahrheit über alles geht." Man sieht: Für Jesus gehören Frauen nicht unbedingt in die Küche. Manchem seiner Zuhörer mag in diesem Augenblick der Mund offen stehen geblieben sein, aber Jesus macht sich selbst dann nichts aus Traditionen und Gepflogenheiten, wenn es um so tief verwurzelte Dinge wie die Geschlechterrollen geht.

Johanna, Marta, Maria – es sind Frauen wie diese drei, die Jesus vorbehaltlos unterstützen. Dass er seine kostspielige Kampagne über den langen Zeitraum von drei Jahren durchhält, ist ihnen zu verdanken. Ich könnte mir vorstellen, dass Jesus selbst die organisatorischen Fragen oft auf die leichte Schulter nimmt – „Da wird sich schon eine Lösung finden", in diesem Sinne lässt er sich manchmal vernehmen, wenn es um Proviantbeschaffung geht. Aber wahrscheinlich kann er sich diese Unbekümmertheit auch deshalb leisten, weil er sich der Freigiebigkeit seiner Sponsorinnen sicher sein darf.

Alles in allem ergibt sich das Bild eines gut organisierten und üppig finanzierten Unternehmens. Zugespitzt könnte man sagen: Die Männer reden, die Frauen handeln; wobei ich obendrein den Eindruck habe, dass Jesus von ihnen auch die größere moralische Unterstützung erfährt. In ihrer Gesellschaft wirkt er jedenfalls entspannt. Sie verwickeln ihn nicht laufend in Debatten, sie verschonen ihn mit den üblichen religiösen Haarspaltereien, sie machen keine Politik – sie packen an, setzen sich ein, ergreifen die Initiative. War Jesus charmant? Er nahm Frauen genauso ernst wie Männer, mindestens. Und sie nahmen ihn, wie er war.

21. ZWEIERLEI ARTEN VON ANGST

Verrecken … Das stärkste Wort für ein erbärmliches Sterben, das die deutsche Sprache bereithält. Auch wer seine Abscheu vor dem Tod zum Ausdruck bringen will, benutzt es, statt von Sterben zu reden. Verrecken, das ist der reine Horror, und es dürfte kein Zufall sein, dass dieses Wort wiederholt in den Hassbotschaften auftauchte, die Befürworter der Coronamaßnahmen zu Hunderten an öffentliche Kritiker dieser Maßnahmen verschickten, zum Beispiel an Virologen, die von der offiziellen Linie abwichen – „Du willst also, dass Tausende von Menschen verrecken?"

Ich vermute, dass dieses Wort in diesem Zusammenhang weniger den Sterbevorgang in deutschen Krankenhäusern bezeichnen soll; wahrscheinlich spricht daraus eher die Panik, die den Schreiber selbst bei der Vorstellung zu sterben befällt. Er dürfte damit ungewollt seine eigene Todesangst ausgedrückt haben. In diesem Fall würde das Wort „verrecken" auch einen Schlüssel zum Verständnis des tiefen Grabens bieten, der sich in der Coronazeit aufgetan hat, nämlich zwischen der Mehrheit derer, die die Coronamaßnahmen befürworteten, und der Minderheit ihrer Kritiker in unserer Gesellschaft.

Für mich war es erschreckend zu sehen, wie feindselig sich diese beiden Parteien gegenüberstanden; in den seltensten Fällen brachten die einen für die anderen Verständnis auf. „Leute, die mich bisher nett fanden, wollen plötzlich nichts mehr von mir wissen", sagte mir jemand, der die Angst für übertrieben und den Lockdown für falsch hielt und keinen Hehl daraus machte. „Also, ich jedenfalls möchte nicht Corona kriegen", war ein beliebtes Gegenargument gegen jede Kritik an Regierungsmaßnahmen und Medienwirbel. Es war von allen Seiten zu hören, und bisweilen wurde der Kritiker dann für das „Verrecken" Tausender von Menschen verantwortlich gemacht. Freundschaften zerbrachen daran, Familien zerstritten sich darüber, zwischen Mutter und Tochter herrschte mit einem Mal eisiges Schweigen. Auf der einen Seite des Grabens verübelte man den Maßnahmenkritikern ihre frivole Sorglosigkeit, auf der anderen Seite herrschte völliges Unverständnis für die Ängstlichkeit der Befürworter. Was hier zutage trat, waren nicht die üblichen Meinungsverschiedenheiten zwischen politischen Lagern, es war ein Riss, der aufgewühlte Gefühle und persönliche Kränkungen freilegte, ein unüberbrückbarer Abgrund. Was zeigte sich da wirklich?

Für mich waren es zwei verschiedene Arten von Angst. Bei den Befürwortern war es die Angst vor dem Tod. Bei den Kritikern war es die Angst vor der Angst. Für Erstere ging die hauptsächliche Bedrohung also vom Virus aus, und gegen das Virus galt es mit allen Mitteln zu kämpfen. Für Letztere ging die größte Bedrohung dagegen von der Angst vor dem Virus aus, und diese Angst galt es in erster Linie zu bekämpfen. Wobei klar sein muss: Auch die Kritiker wollten nicht sterben. Die meisten von ihnen leugneten Corona nicht, sie lehnten Vorsichtsmaßnahmen auch nicht grundsätzlich ab, sie fanden, dass eine Pandemie der Angst größeren Schaden anrichten könnte als dieses spezielle Virus. Das heißt: Den Befürwortern der Vorgehensweise von Medien und Regierung lag vor allem daran, ihre Gesundheit zu schützen und ihren Körper vor Schaden zu bewahren – den Kritikern war ihre psychische Gesundheit wichtiger, sie wollten sich ihre seelische Widerstandskraft, ihre Lebensenergie und ihren Lebensmut nicht rauben lassen.

Was ist das höchste Gut? Diese existenzielle Frage stellt sich in normalen Zeiten nicht, aber jetzt kam keiner mehr um diese Frage herum. Durch Corona sah sich jeder gezwungen, sie zu beantworten und sich obendrein zu seiner Antwort zu bekennen, und da zeigte sich: Jeder hatte seine eigene Antwort bis dahin für selbstverständlich gehalten, und jeder hatte geglaubt, die besten Gründe der Welt dafür zu haben. Umso größer war das Erschrecken darüber, dass es zwei grundverschiedene Antworten gibt, und dieses Erschrecken war so groß, diese Erschütterung so gewaltig, dass beide Parteien in der Folgezeit versuchten, der jeweils anderen den gesunden Menschenverstand abzusprechen. „Ihr nehmt Tausende von Toten in Kauf", hieß es von der einen Seite. „Ihr seid blind vor Angst", konterte die andere. Ich weiß nicht, ob dieser Graben zu überbrücken ist, aber vielleicht lehrt er uns etwas über die Angst, das auch über die Coronazeit hinaus gut zu wissen ist.

Zunächst einmal: Angst ist immer schlecht, davon bin ich überzeugt. Die Angst vor dem Tod genauso wie die Angst vor der Angst, denn sie versteinert, sie vereist die Seele eines Menschen, sie führt zu der bekannten Angststarre, die das Denken und Fühlen in Fesseln legt und nur noch reflexhafte Abwehrreaktionen erlaubt. Der Ängstliche kennt nur noch Freund und Feind und wird dann auch den Freund bei dem geringsten Zweifel als Feind betrachten. Angst sät Misstrauen und Wut, weil sie aus der Erfahrung der Unsicherheit erwächst – die Angst tappt buchstäblich im Dunkeln und ist daher in jedem Augenblick auf das Schlimmste gefasst; entsprechend reizbar ist der Ängstliche. Wenn Gefahr droht, wäre deshalb die erste Aufgabe, sich mit der Gefahr vertraut zu machen, sie aus dem Dunkel ans Licht zu ziehen, um sie einschätzen und beurteilen zu können – auf diese Weise verwandelt man Angst in Gefahrenbewusstsein und versetzt sich damit in die Lage, angemessen zu reagieren. In der Regel stellt man dann erleichtert fest, dass eine Gefahr aus der Nähe betrachtet kleiner ist, als sie als diffuse Erscheinung aus der Entfernung gewirkt hat. So ist es mir bisher jedenfalls gegangen: Meist war die Aufregung nur so lange groß, wie man keine genaue Vorstellung von einer Gefahr hatte – bei Tageslicht betrachtet rechtfertigte sie dann zwar bestimmte Vorsichtsmaßnahmen, aber keine Panik. Und der zweite Vorteil ist: Man weiß jetzt, worüber man redet, und kann seine Vorgehensweise sachlich diskutieren, kann sich die Diffamierung Andersdenkender sparen.

Angst in Gefahrenbewusstsein umwandeln – das ist allerdings leichter gesagt als getan. Schon deshalb, weil die Angst genau vor diesem entscheidenden Schritt zurückschreckt, nämlich dem, die Gefahr erst einmal genauer in Augenschein zu nehmen. Die Angst starrt zwar wie gebannt hin, nimmt die Gefahr aber nicht wahr, sie beschäftigt sich – aus Angst – nicht mit ihr, sie hält sich die Gefahr vom Leib und belässt sie in jener Distanz, in der sie diffus bleibt, aber groß wirkt. In der Coronazeit ist nun Folgendes passiert: Die Regierung, und mit ihr ein Großteil der Medien, hat alles darangesetzt, Angst zu verbreiten und den Zustand der Angst aufrechtzuerhalten. Aber warum? Gab es für diese Strategie gute Gründe?

Ich erkenne nur einen Grund. Man hatte sich dafür entschieden, die Nähe des Todes zu beschwören, um die Bevölkerung durch Angst zur Vernunft zu bringen. Aber wäre es nicht anders gegangen? Hätte man uns nicht durch Aufklärung über die Gefährlichkeit des Virus schon zu der nötigen Vorsicht bewegen können? Hätten wir uns dann nicht schon selbst Gedanken über unsere Sicherheit gemacht, wenn uns doch so viel daran liegt? Für die Regierung wären genügend Aufgaben übrig geblieben, wie die Beschaffung von Masken, die Bereitstellung von Teststationen, das Entwickeln von Schutzvorkehrungen für wirklich gefährdete Gesellschaftsgruppen oder die Organisation und Verteilung von Impfstoff. Und wenn tatsächlich alle Maßnahmen nötig gewesen wären, um eine Ausbreitung des Virus zu verhindern – vom Tanzverbot über das Singverbot bis zum Verweilverbot –, hätte man nicht trotzdem auf die Angst als Erziehungsmittel verzichten können und der Einsichtsfähigkeit des Bürgers vertrauen sollen? Warum es nicht zunächst einmal mit einem Appell an seine Verantwortung für sich selbst und andere versuchen? Warum nicht auf Freiwilligkeit aufgrund von Einsicht setzen?

Aber vielleicht hatten alle Regierungen, die zum Schutz der Bevölkerung weitgehende Zwangsmaßnahmen verfügten, recht. Vielleicht sind wir durch und durch unvernünftig, leichtsinnig und verantwortungslos. Wie sehr die Polizei damit beschäftigt war, für das Einhalten der Maßnahmen Sorge zu tragen, kann ein Ausdruck davon sein. Wahr ist ja auch, dass sich ein Großteil der Bevölkerung diese Vernunft selbst nicht zutraut, mit allen Maßnahmen einverstanden war, noch schärfere forderte und den Staat so unter Zugzwang setzte. Aber eins irritiert mich trotzdem: Es ist das Bild, dass sich die Regierenden von uns, den Regierten, machen. Was ist von dem mündigen, dem autonomen Bürger in der Coronakrise eigentlich übrig geblieben? Wie passt es zusammen, dass uns mit 14 Jahren bereits die Entscheidung über das eigene Geschlecht zugetraut wird, dass wir sogar über unser Lebensende frei bestimmen dürfen, dass wir aber ungefragt an die staatliche Kandare genommen werden, wenn unsere Gesundheit in Gefahr ist? Im Zweifelsfall will dann offenbar doch keiner mehr so recht glauben, dass der Einzelne wirklich die letzte Instanz ist – die Regierung nicht, die Mehrzahl der Bürger aber auch nicht.

Eins aber darf man wohl mit Bestimmtheit sagen: Durch Angst zur Vernunft bringen, das klappt nicht. Zur Vernunft gehört immer ein nüchterner, kühler Kopf. Das dürfte der Grund dafür sein, dass Regierung und Medien noch einen Schritt weiter gegangen sind und uns suggeriert haben, dass Ängstlichkeit schon an sich vernünftig sei – keine Angst zu haben hingegen ein Zeichen von makabrer Frivolität und mithin unmoralisch.

Es reicht, Angst zu haben, um vernünftig und eben auch moralisch zu sein – dies war jedenfalls die Botschaft jener Werbefilme, in denen die Bundesregierung uns vergnügte Einsiedler in freigewählter Selbstisolation als die wahren „Coronahelden" vorstellte, dankbar für Lockdown und Kontaktverbot. Spätestens mit diesen Videos adelte die Regierung die Angst zur vorbildlichen Lebenseinstellung – und sprach auf diese Weise allem Hohn, was die Menschheit an Erfahrungen gesammelt hat, mit der Angst einerseits, mit dem Mut, der Courage, der Beherztheit und der Unbekümmertheit andererseits. Ist es ein Wunder, dass es Menschen gab, die diese Angst nun endgültig zum Fürchten fanden?

Und ein letztes Wort. Es gab ja tatsächlich viele, die sich während der Coronazeit echter Todesangst bewusst waren. Diese Angst ist real, sie ist eine existenzielle Erfahrung, und wenn sie einen Menschen befällt, kommt keine Willensanstrengung dagegen an; aus diesem Grund sollte sie jeder ernst nehmen, auch wenn er sie nicht nachvollziehbar findet. Angst ist kein Makel, kein Charakterfehler – das Nervenkostüm ist von Mensch zu Mensch verschieden und mal mehr, mal weniger strapazierfähig, mal gröber gewebt, mal dünner gestrickt; auch die Lebenserfahrungen sind unterschiedlich, und gegen Traumata zum Beispiel sind wir weitgehend machtlos. Und eine verblüffende persönliche Beobachtung: In puncto Angst sind die Menschen so unberechenbar wie das Virus. Freunde, die ich nie zu den Mutigsten gezählt hatte, reagierten auf Corona mit Gleichgültigkeit, während Hartgesottene plötzlich der Mut verließ.

So gut aber die Angst vor der Angst begründet sein mag, sie berechtigt keinen dazu, auf andere herabzusehen, so wenig wie die Angst vor dem Tod dazu berechtigt, Sorgloseren eine mörderische Gesinnung zu unterstellen. Der Widerwille, der sich zwischen den Parteien während der Coronazeit aufgebaut hat, sollte danach wieder der Gelassenheit weichen; ob Angst berechtigt ist, muss letztlich jeder für sich entscheiden. Aber eins sollten wir nicht vergessen: Der Sieg der Angst ist eine Niederlage für uns alle, denn gegen die Angst ist die Vernunft genauso machtlos wie gegen die Moral. Wenn etwas hilft, Menschen ihre Angst zu nehmen, dann ist es dies: Die Angst als gegeben hinzunehmen und gleichzeitig durch das eigene Beispiel sichtbar zu machen, dass ein Leben ohne Angst noch schöner ist.

22. WER SEIN LEBEN GEWINNEN WILL ...

Menschen fischen ... Hat Jesus es sich leichter vorgestellt? War es naiv zu glauben, seine Botschaft würde in kurzer Zeit großen Anklang finden – er brauche sie nur zu verkündigen, und alsbald würden seine Worte in den Herzen der Menschen aufblühen, sich ohne sein Zutun fortpflanzen und zum Gottesreich werden? Er ist jetzt, nach fast drei Jahren, über die Grenzen Israels hinaus bekannt, man redet über ihn, man befasst sich höheren Orts mit ihm, er erhitzt nach wie vor die Gemüter, aber – gehen die Diskussionen, die er auslöst, die Spekulationen, die über ihn angestellt werden, nicht in die falsche Richtung? Und es wird viel diskutiert und spekuliert. „Hatten wir nicht recht damit, dass er von einem Dämon besessen ist?" „Er ist doch bloß ein Mensch, führt sich aber auf, als wäre er Gott!" „Wie lange will er uns noch hinhalten? Wenn er der Messias ist, warum sagt er's nicht einfach frei heraus?"

Der Messias? Allmählich wird es kritisch. Ja, der Messias soll kommen, so haben es die Propheten verheißen, aber niemand weiß wann, und es verbinden sich unterschiedliche Vorstellungen mit ihm. Wird der Messias Israel von den Römern befreien und zu neuer Macht verhelfen? Wird er ein Reich des Friedens begründen, in dem paradiesische Zustände herrschen? Für das einfache Volk ist der Messias eine Art gottgesandter Sonnenkönig, an den sich weitgespannte Hoffnungen auf bessere Zeiten knüpfen – dem Volk wäre dieser Messias also willkommen. Die religiöse und politische Elite wäre davon weniger erbaut, sie weiß: Der Messias bedeutet in jedem Fall eine Erschütterung, denn – ist er einmal da, kann man nicht mehr so weiterleben wie bisher. Alles religiöse Leben wird umgestürzt, alle religiösen Autoritäten büßen ihre Macht ein, alle religiösen Praktiken müssen womöglich von Grund auf erneuert werden. Ein Zeitalter geht zu Ende, ein neues, unbekanntes, unvorstellbares zieht herauf. In jedem Fall bedeutet der Messias Aufruhr – er ist die große Störung des Ablaufs, die einschneidende Unterbrechung, der große Schock. Kurz gesagt: Einen Messias zieht man besser bei nächster Gelegenheit aus dem Verkehr.

Und jetzt geht das Gerücht um, Jesus sei der Messias. Wann immer es ihm zu Ohren kommt, verbittet er sich, so genannt zu werden. Es hilft nichts. Es spricht sich bis zu den Mächtigen herum, und die warten jetzt nur auf eine Gelegenheit, ihn zu verhaften. Einstweilen zögern sie, seine Popularität schützt ihn bis auf Weiteres, aber wie viel Zeit bleibt ihm nun noch? Sicher darf er sich jedenfalls nicht mehr fühlen. Aber vielleicht kommt noch etwas anderes hinzu, nicht weniger beunruhigend.

Erlahmt der Schwung seiner Bewegung? Überfordert er die Leute mit seinem unsichtbaren Gottesreich, das zwar in dieser Welt, aber nicht von dieser Welt sein soll? Selbst der innerste Zirkel seiner Jünger, die Zwölf, können sich das nicht vorstellen. Sie glauben bis kurz vor Schluss noch, das ganze Unternehmen laufe auf einen politischen Triumph hinaus, auf die baldige Thronbesteigung Jesu in Jerusalem mit ihnen, den Jüngern, als Bevollmächtigte des Messias – glanzvolle Zeiten ständen demnach bevor. Aber warum unternimmt Jesus nichts in dieser Richtung? Warum stößt er die Leute vor den Kopf mit Aussagen wie dieser: „Wenn ihr leben wollt, müsst ihr mein Fleisch essen und mein Blut trinken"? Viele seiner Anhänger ziehen sich danach kopfschüttelnd zurück, nur die Zwölf halten noch zu ihm. Ist Jesus kurz davor, zu resignieren?

Oder ist es ganz anders? Wächst seine Anhängerschaft unaufhörlich, weil er nun tatsächlich allgemein für den Messias gehalten wird, zumindest im Volk, nur dass sie alle dieselben falschen Erwartungen an ihn hegen wie seine Jünger? Stellen sie sich Jesus in ihrer Begeisterung vielleicht wirklich als Anführer eines Aufstands gegen die Römer vor – und damit gegen die Machtelite in Jerusalem, die mit den Römern paktiert? Als politischen Heilsbringer, als möglichen Sieger im Kampf um die Macht in Israel? Der Evangelist Johannes deutet so etwas an. Er berichtet, dass die Menge Jesus nach der Speisung der Fünftausend nicht gehen lässt und ihn zum König ausrufen will. Kann es also sein, dass seine Anhänger eine Machtdemonstration von ihm erwarten? Als politischer Heilsbringer missverstanden zu werden – das wäre das Schlimmste, was Jesus passieren könnte. Das wäre zum Verzweifeln.

Wir können nicht mit letzter Sicherheit sagen, was wirklich geschehen ist; die Evangelisten sprechen sich über diesen Punkt nicht deutlich aus. Aber wir ahnen: Die Missverständnisse häufen sich, und Jesus scheint sie nicht aus der Welt schaffen zu können; ganz abgesehen davon, dass er jeden Tag mit seiner Festnahme rechnen muss. Was soll er machen? Sich zurückziehen? Sich seinem Auftrag entziehen, seine Botschaft widerrufen? Als Leser werden wir hier auf jeden Fall Zeugen einer Krise, und ab jetzt ist es endgültig mit der ausgelassenen Aufbruchstimmung der Anfangszeit vorbei; es wird ernst, todernst.

„Für wen haltet ihr mich?"

Die Frage trifft die Jünger unvorbereitet. Sie erstarren. Das klingt ja beinahe so, als wolle Jesus jetzt von ihnen wissen: Bin ich womöglich nur ein x-beliebiger Wanderprediger? Sie befinden sich nach einem langen Marsch weit vom See Genezareth entfernt im nordöstlichsten Zipfel des Landes, wo ihn keiner kennt, wo er seine Ruhe hat, und hier, in dieser Abgeschiedenheit, stellt er ihnen die alles entscheidende Frage. Alles entscheidend? Ja, dieses Gefühl haben sie, und Jesus atmet hörbar auf, als Petrus schließlich antwortet: „Für uns steht fest, dass du der Messias bist."

Also doch. Das wäre geklärt. Doch was bedeutet es, wie geht's jetzt weiter? Jesus stellt das umgehend klar. Zum hellen Entsetzen der Jünger spricht er davon, als Nächstes nach Jerusalem zu gehen und sich verhaften und hinrichten zu lassen. Seine Worte schlagen ein wie eine Bombe. Gerade eben noch haben sich seine Mitstreiter als Sieger gefühlt, und jetzt erklärt ihnen ihr Herr und Meister, das ganze Unternehmen werde in einem Desaster enden? Den hitzigen Disput, den Petrus daraufhin mit Jesus beginnt, beendet der mit den Worten: „Geh mir aus den Augen, du Satan!"

In diesem Moment erleben wir Jesus im Zustand höchster Erregung. Dass er austeilen kann, wissen wir, aber woher diese Unbeherrschtheit? Er hat einen Entschluss gefasst, einen fürchterlichen Entschluss, und vielleicht schreckt er im Augenblick selbst noch davor zurück, ihn für den einzig richtigen zu halten. Aber in den folgenden Wochen wiederholt er die Absicht, sich seinen geschworenen Feinden freiwillig zu stellen und den Tod in Kauf zu nehmen. Er wirkt dabei ruhiger, gefasster, und das Erstaunlichste: Es ist ihm keine Resignation anzumerken.

Jesus heilt, Jesus hält Reden, Jesus diskutiert und streitet sich mit seinen Widersachern – scheinbar ist alles wie früher. Allenfalls ist er noch ungeduldiger geworden, mit seinen Jüngern vor allem. „Ihr verzagte Bande! Wie lange muss ich euch noch ertragen", fährt er sie einmal auf dem Weg nach Jerusalem vor allen Leuten an. Und in Jerusalem eingetroffen, gibt er auch im Disput mit seinen Gegnern jede Zurückhaltung auf. Selbst im Tempel fordert er sie heraus, sozusagen in der Höhle des Löwen, und nimmt insbesondere die Pharisäer aufs Korn. „Ihr falschen Schlangen!", fährt er sie an, „ihr glaubt, ein gottgefälliges Werk zu tun, wenn ihr Steuern auf Minze, Dill und Kümmel erhebt, aber wenn's ums Wesentliche geht, um Recht und Barmherzigkeit und Glauben, lässt euer Eifer sehr schnell nach! Bei Mücken seid ihr zimperlich und siebt sie aus, aber Kamele stören euch nicht, die schluckt ihr anstandslos runter!" Ihr kleinkarierter Formalismus, ihre Scheinheiligkeit ärgern ihn mehr denn je, und beinahe könnte man meinen, er lege es darauf an, verhaftet zu werden.

Sein Ton ist aber nicht nur schärfer, er ist auch ernster geworden. „Wer sein Leben gewinnen will, der wird es verlieren", sagt er in diesen Tagen, „wer aber bereit ist, sein Leben zu verlieren, der wird es gewinnen." Man merkt: Jetzt geht er aufs Ganze. Vorbei die Zeit des Ährenraufens, und auch die Zeit des Menschenfischens ist abgelaufen; jetzt ist voller Einsatz gefragt, der Einsatz des eigenen Lebens.

Was will er, was hat er vor? Nach wenigen Tagen in Jerusalem lässt er sich gefangen nehmen und geht damit sehenden Auges in den sicheren Tod. Er leistet keinen Widerstand, er hat aufgehört zu kämpfen, er verstummt. Im Prozess vor dem Hohen Rat geht es nur noch um die Frage, die Jesus für sich inzwischen beantwortet hat: Wer ist dieser Mann? Für wen hält er sich? Für den Messias, also den befürchteten Anwärter auf die Macht im Staat, den keiner von den Herrschaften des Gerichts brauchen kann? Von dem sie sich schon viel zu viel gefallen lassen mussten? Der alles getan hat, um ihre Autorität zu untergraben, der sie nach Strich und Faden lächerlich gemacht, der ihr ganzes ausgeklügeltes System aus Vorschriften und Verboten für überflüssig und unsinnig erklärt hat? Der ihnen beinahe das ganze Volk mit seinen frechen Reden von Freiheit und Sorglosigkeit abspenstig gemacht hätte? „Wer bist du also?", fragen sie ihn. „Der Messias?" Und Jesus antwortet: „Ja."

Er weiß, was auf ihn zukommt, nämlich die grauenvollste Hinrichtungsart, die die Römer kennen; sie ist Sklaven und politischen Aufrührern vorbehalten. Kurz vor seiner Verhaftung haben ihn seine Jünger erlebt, wie sie ihn noch nie erlebt haben; da war er nur noch ein Häufchen Elend, tränenüberströmt und in Angstschweiß gebadet. Er liebt ja das Leben. Aber es geht um die Wahrheit seiner Botschaft. Die Ersten werden die Letzten sein, und die Letzten werden die Ersten sein. Wer sein Leben gewinnen will, der wird es verlieren; wer aber bereit ist, sein Leben zu verlieren, der wird es gewinnen. Wer von euch groß sein will, der sei euer Diener. Nicht die Machthaber und Gewalttäter – die Sanftmütigen und Friedfertigen werden die Welt umgestalten … Diese Botschaft ist in der Welt, viele Menschen haben sie gehört. In dieser Botschaft offenbart sich der Wille Gottes, dafür muss er einstehen, und deshalb hält er jetzt nicht nur die andere Wange hin, er opfert sein Leben. In einer erschütternden Demonstration seines Glaubens an die Macht Gottes lässt er sich kreuzigen, denn die Macht Gottes offenbart sich im Verzicht auf Macht und Gewalt. Der Verlierer wird der Gewinner sein, und der Messias wird wieder auferstehen.

23. DARF MAN NOCH WIENER SCHNITZEL SAGEN?

Ich vermute: Noch nie war es so einfach, jemanden unabsichtlich zu beleidigen. Noch nie haben sich Menschen dermaßen vor eigentlich harmlosen Wörtern gefürchtet. Noch nie wurde einem die eigene Absicht so schnell im eigenen Kopf verdreht, und selbst Menschen, die im Milieu der moralischen Korrektheit zu Hause sind, dürfen sich noch lange nicht in Sicherheit wiegen. Die Berliner Grünen-Politikerin Bettina Jarasch zum Beispiel tat auf einem Parteitag kund, sie habe als Kind davon geträumt, „Indianerhäuptling" zu werden. Daraufhin erhob sich ein Sturm der Entrüstung, weil sich Angehörige indigener Völker durch den Begriff „Indianerhäuptling" gedemütigt fühlen könnten, und Bettina Jarasch bereute – es habe sich um eine unreflektierte Kindheitserinnerung gehandelt, bekannte sie, und auch sie müsse immer noch dazulernen.

Was lernen wir aus diesem Fall? Dass wir Kindheitserinnerungen nur noch nach reiflicher Überlegung zum Besten geben sollten? Bei der dann wohl herauskäme, dass in der Kindheit alles reichlich unüberlegt war, weshalb man besser den Mantel des Schweigens darüberbreiten sollte? Was bleibt von Kindheitserinnerungen denn übrig, wenn man sie auf die moralische Goldwaage legt? Oder von späteren Erinnerungen? Und was wird Frau Jarasch antworten, wenn sie das nächste Mal nach ihrem Berufswunsch in früher Kindheit befragt wird?

Offenbar haben wir es hier mit einer ganz besonderen Form der Berührungsangst zu tun. Die vergiftete Vergangenheit hat sich uns bisher in Denkmälern und Bildern und Namen gezeigt – jetzt stellen wir fest, dass sie in Wirklichkeit allgegenwärtig ist, weil wir sie als eigene Erinnerungen die ganze Zeit mit uns herumschleppen. Die nächste Stufe der moralischen Selbstreinigung bestände also in der Angst, mit der eigenen Lebensgeschichte in Berührung zu kommen.

Und des Weiteren lernen wir, dass der Schutzpatron zu neuen Ehren gelangt ist. In dieser Rolle scheint sich der Moralwächter am wohlsten zu fühlen – Menschengruppen und ganze Völker werden von ihm vor Wörtern geschützt, die man zuvor ihrer Harmlosigkeit entkleidet hat. Wobei der Schutzpatron sein Wirkungsgebiet frei wählen kann; er braucht nicht einmal auf böse Wörter zu warten, um in Aktion zu treten, wie der Fall einer amerikanischen Professorin beweist. Sie hatte ein Seminar über Autismus angeboten und war daraufhin von einer Studentin angegriffen worden. Ihr Vorwurf: Dieses Seminar beleidige autistische Personen, indem es sie zu Außenseitern abstempele! Es kam zu der üblichen Debatte, die damit endete, dass die Professorin klein beigab und ihr Lehrangebot zurückzog.

In solchen Beispielen drückt sich für mich das ganze Dilemma der Weltverbesserer aus. Es scheint mir darin zu bestehen, dass ihre Vorgänger, die Generationen von Weltverbesserern vor ihnen, gar keine schlechte Arbeit geleistet haben, denn in der westlichen Welt leben wir heute unbehelligter und freier, als Menschen je zuvor gelebt haben, und auch der Rest der Welt profitiert von westlichen Errungenschaften, seien sie wissenschaftlicher oder kultureller Art. Gewiss gibt es nach wie vor Gründe, sich zu engagieren, Dinge anders und besser zu machen, aber Misstrauen und blinder Eifer sind fehl am Platz. Beides bringt uns dazu, auch Harmloses und Gelungenes in Gefährliches und Böses umzudeuten, und die Weltverbesserung schießt dann weit übers Ziel hinaus – wie folgende zwei Beispiele zeigen.

Jeder erinnert sich an Entenhausen. Einstmals wurde dort geredet, wie seinen Bewohnern der Schnabel gewachsen war, und jeder frönte munter seinen Lüsten, Onkel Dagobert der Geldgier, der große, böse Wolf dem Hang zu Schweinefleisch, und überhaupt war es eine vergnüglich unmoralische Welt. Damit ist es vorbei. Ein Wiener Literaturwissenschaftler hat die deutsche Ausgabe der „Lustigen Taschenbuch Edition" vom April 2021 mit einer älteren Ausgabe verglichen und ist dabei auf 109 politisch korrekte Eingriffe in das Gerede der Tiere gestoßen. Die Sprachpolizei von Entenhausen hatte Empfindlichkeiten aller Art berücksichtigt: Aus dem wohlgenährten Schwein Fridolin Freudenfett war im Hinblick auf Leser, die sich in diesem Schwein wiedererkennen könnten, ein Fridolin Freundlich geworden, auch vor „Wilden", „Indianern" und „Bleichgesichtern" ist der Leser künftighin sicher, und selbstverständlich begegnen Tick, Trick und Track bei ihren Expeditionen (solange sie noch auf Expedition gehen dürfen) keinen

„Eingeborenen" mehr, sondern „Ortskundigen". Leider haben Witz und Verständlichkeit unter diesen Verbesserungsmaßnahmen gelitten, aber was zählt das, wenn nun endlich eine jugendfreie Fassung von Micky Maus vorliegt?

Übertriebener Eifer scheint mir auch am Werk, wenn die Tierschutzorganisation Peta das Diskriminierungsverbot neuerdings auf reale Tiere ausdehnt. Peta – eigentlich eine verdienstvolle Organisation – will sich nicht länger damit abfinden, dass zahlreiche Redewendungen Gewalt gegen Tiere verherrlichen. Tatsächlich fallen einem da etliche ein – „Zwei Fliegen mit einer Klappe schlagen" oder „Mit jemandem ein Hühnchen rupfen" zum Beispiel –, aber wem ist geholfen, wenn wir auf solche Sprachbilder verzichten? Dass sie Fliegen und Hühnchen je zum Verhängnis geworden sind, wage ich zu bezweifeln. Wird als nächstes die „Landratte" und der „Bücherwurm" dran glauben müssen?

Ähnliche Fälle von Zensur oder Sprachsäuberung gibt es jedenfalls zuhauf. Aus meiner Sicht waltet hier eine extreme Empfindlichkeit, die auf viele Aspekte der Wirklichkeit nur noch mit Verstörung reagiert. Wie ist es dazu gekommen? Woher rührt diese Mischung aus Ängstlichkeit und Argwohn?

Aufschlussreich ist für mich ein Foto, auf das ich bei der Zeitungslektüre stieß. Es zeigt ein Plakat vor dem Eingang zur Colorado State University, auf dem sich die Universitätsleitung mit folgenden Worten an ihre Studenten wendet: „Sollte es dir missfallen, dass auf dem Universitätsgelände frei und offen geredet wird, dann rufe deine Eltern an und bitte sie, dich abzuholen. Du bist noch nicht reif für die Universität."

Eine merkwürdige Mitteilung. Die Universitätsleitung hält es also für geboten, ihre Studenten zu warnen: Hier, im Bereich der Universität, geschehen Dinge, mit denen du vielleicht nicht rechnest, die dich womöglich schockieren werden, denn hier kann es vorkommen, dass Professoren und Kommilitonen bei ihrer Wortwahl keine Rücksicht auf deine Empfindlichkeiten nehmen. Hier ist nicht ausgeschlossen, dass du mit unbequemen Tatsachen und Wahrheiten konfrontiert wirst. Hier kann sich herausstellen, dass du unrecht hast oder völlig ahnungslos bist.

Eigentlich alles Selbstverständlichkeiten; man will in einer Universität ja weiterkommen, zu neuen Erkenntnissen gelangen und lernend und staunend über sich hinauswachsen. Aber offenbar muss das Selbstverständliche eigens betont werden, denn wie es aussieht, ist eine Generation in die Universitäten eingezogen, die Lernen riskant findet und sich an Neues möglichst vorsichtig herantasten möchte. Das jedenfalls geht aus den Offenen Briefen entsetzter Professoren und den Verlautbarungen besorgter Intellektueller hervor: Diese Generation möchte in erster Linie geschont werden. Sie scheint kein Vertrauen mehr zu haben – weder zu sich selbst noch zu der Welt. Selbstverständlich ist für sie nur eins, nämlich die eigene Verletzlichkeit, und jetzt sucht sie die Welt mit argwöhnischem Blick nach Gefahren ab, nur um zu entdecken, dass tatsächlich überall Gefahren lauern.

Ich übertreibe natürlich. Immer noch wird es junge Menschen geben, die mit einem strapazierfähigen Gemüt ausgestattet sind, aber sie scheinen seltener zu werden; das Klima an den Hochschulen wird jedenfalls inzwischen von den Schreckhaften geprägt. Die finden, dass die Welt enorm zu wünschen übrig lässt, und im Wünschen sind sie groß, das ist ihre Kernkompetenz, Wünschen haben sie daheim in ihren antiautoritären Elternhäusern von klein auf gelernt. Vermutlich erwarten sie auch jetzt, in ihrem Erwachsenenleben, eine Welt anzutreffen, die auf ihre Wünsche zugeschnitten ist, und erleben eine Enttäuschung: Statt auf ihre speziellen Wünsche ist diese Welt auf sehr viele sehr unterschiedliche Wünsche zugeschnitten, und das ist unzumutbar, das muss sich ändern! In der idealen Welt richtet sich alles nach ihren Wünschen, und nun gehen sie daran, die Welt zu entschärfen, wie man eine Bombe entschärft. Um sie überhaupt bewohnbar zu machen, müssen ihr die Zähne gezogen und die Klauen geschliffen werden, und dafür sind zum Beispiel Warnhinweise unerlässlich. Sie sollen im Studium vor der Berührung mit Fakten oder Meinungen schützen, die empfindsame Seelen erschüttern könnten, und werden Büchern, Filmen oder Vorträgen vorangestellt – „Achtung, auf Seite 334 wird ein Muslim rassistisch beleidigt!", etwa in dieser Art.

Mit bösen Überraschungen ist vor allem in den Fächern Geschichte, Literatur und Philosophie zu rechnen. Der irische Schriftsteller Samuel Beckett beispielsweise bringt alte Menschen auf die Bühne, die in Mülltonnen stecken. Dante führt in seinem „Inferno" die Qualen der Verdammten recht plastisch vor Augen. Bei Mark Twain wiederum kommen Neger vor, wie übrigens auch im Tagebuch des Schweizer Schriftstellers Max Frisch. Selbst in den Schriften der deutschen Philosophen Kant und Hegel lässt sich mit viel bösem Willen Rassistisches aufspüren, und von historischen Tatsachen wie der antiken Sklaverei, den Gräueln des Dreißigjährigen Kriegs oder dem Schrecken des Holocausts gar nicht zu reden – mit KZ-Filmen wird man Studenten jedenfalls nicht mehr behelligen dürfen.

Mittlerweile ist das Warnen, Beschützen und vor der Wirklichkeit Abschirmen aber auch außerhalb von Universitäten gängige Praxis. Der Wille, Sprache zu lenken und Kultur zu säubern, kennt kaum noch Grenzen, und so warnt der Duden vor bösen Wörtern wie „Flittchen", „Krüppel" und „Schlitzauge", Verlage und Redaktionen suchen Texte penibel nach anstößigen Stellen ab, um sie rechtzeitig vor der Veröffentlichung zu eliminieren, und das Globe Theatre in London warnt seine Zuschauer vor Shakespeares „Romeo und Julia" – Blut werde fließen, es werde sogar zu einem Selbstmord kommen, und ein Nervenzusammenbruch während der Aufführung sei nicht auszuschließen, hier also vorsichtshalber die Telefonnummer des zuständigen Rettungsdienstes … Was ist da eigentlich los? Woher kommt so viel Angst, so viel Besorgnis, so viel Zimperlichkeit? Moralwächter fallen ja nicht vom Himmel.

Mein Eindruck ist, dass wir es bei vielen jungen Erwachsenen mit Halt- und Heimatlosen zu tun haben. Mit Menschen, die sich in einer komplizierten Wirklichkeit nicht zurechtfinden, weil sie auf Konflikte nicht vorbereitet sind und Widerspruch nicht ertragen. Ihr Gerechtigkeitssinn rebelliert, sobald sie mit einer Realität konfrontiert sind, die ihren moralischen Ansprüchen nicht genügt. Von dieser garstigen Realität fühlen sie sich eingeschüchtert, ja regelrecht bedroht, und jetzt machen sie obendrein die Erfahrung, ihr schutzlos ausgeliefert zu sein. Sie sind gewohnt, dass auf sie Rücksicht genommen wird, dass ihnen die Welt bereitwillig entgegenkommt, aber das ist im wahren Leben kaum der Fall – und jetzt? Man müsste sich durchbeißen, man müsste diese Realität überhaupt erst einmal zur Kenntnis nehmen, sich mit ihr auseinandersetzen und sie zu begreifen versuchen, aber schon dazu scheinen die Kräfte nicht zu reichen, scheint der Wille nicht vorhanden zu sein. Man könnte sich dabei schmutzig machen, und so wird viel Energie in ein anderes Projekt investiert: den Versuch, die unerträgliche Wirklichkeit mit aller Macht dem eigenen Sicherheitsbedürfnis anzupassen – sie sozusagen auf den eigenen, ängstlichen Leib zuzuschneiden, damit man schmerzfrei und von Irritationen unbehelligt weiterleben kann. Mit anderen Worten: Nur eine Welt, in der ich mindestens genauso viel zu sagen habe wie alle anderen, ist eine freundliche, eine gerechte Welt.

Das Ich ist das Maß aller Dinge – das wäre wohl die kürzeste Formel, auf die sich diese Lebenseinstellung bringen lässt. Sie ist nicht neu, sie war auch in früheren Zeiten schon verbreitet, aber neu scheint mir zu sein, dass dieses überschätzte Ich diesmal ein verängstigtes, verzagtes und mutloses ist. Ein Ich, das sich stets als Opfer der Verhältnisse wähnt, und jetzt lässt sich das Thema Erziehung nicht mehr umgehen.

Ist die falsch verstandene antiautoritäre Erziehung, wie sie heute vielfach in Elternhäusern praktiziert wird, wirklich der Weisheit letzter Schluss? Ich meine eine Erziehung, die heranwachsenden Menschen keine Prinzipien, keine Orientierung, keinen Widerstand und keine Reibungsflächen bietet, überhaupt nichts Festes, an dem sie sich abarbeiten könnten, womit sie sich auseinandersetzen müssten, um Klarheit über sich selbst und die Welt zu gewinnen. Ich meine Eltern, die durch eigene Überzeugung oder äußeren Druck darauf eingeschworen sind, es ihren Kindern so leicht wie möglich zu machen, die vor ihren Wünschen und Willensbekundungen ständig zurückweichen und sie in ihrer seelischen Entwicklung sich selbst überlassen – vielleicht in der Annahme, das kindliche Selbst entfalte sich von allein und ungestört am besten.

Das tut es nicht. Wer in jungen Jahren keinen Widerstand überwinden musste, dem wird es später schwerfallen, Widerstand zu leisten, Spannungen auszuhalten, Kompromisse zu schließen, Niederlagen einzustecken und Momente der Selbstbehauptung zu genießen. Das Selbst, die Persönlichkeit, bildet sich nur in der Auseinandersetzung, auch in einem Kräftemessen, oder sagen wir: in einem spannungsreichen Prozess. Findet diese Vorbereitung auf die Realität nicht statt, dann erwartet junge Leute tatsächlich eine böse Überraschung, sobald sie die Schutzzone des Elternhauses verlassen. Sie merken dann mit einem Mal: Ich weiß nicht, wer ich bin. Ich kann mich von anderen nicht abgrenzen. In mir hallen viele Stimmen nach, aber meine eigene ist nicht darunter. Ich bin durchlässig. Ich kann mich der Zumutungen einer unvollkommenen Welt nicht erwehren. Mir fehlt eine Schutzhaut, und die Berührung mit der Wirklichkeit tut weh …

Ja, etwas Grundsätzliches fehlt. Es fehlt an Vertrauen, an Urvertrauen, Gottvertrauen, Selbstvertrauen. Es fehlt an der instinktiven Gewissheit, dass die Welt trotz allem ein gastlicher Ort ist. Ist dieses Vertrauen nicht gegeben, muss eine rigide Moral als Ausweg erscheinen. Dann ist der Moralpanzer die letzte Rettung, die Selbstgewissheit der Selbstgerechten, die alles daransetzen, ihre einzig wahre Wahrheit durch Regeln, Vorschriften und Gesetze dieser unvollkommenen, irritierenden und daher ungastlichen Welt aufzuzwingen. Denn Moral verleiht Autorität und Durchschlagskraft. Sie bietet Menschen auf der Flucht vor der Wirklichkeit doch noch Heimat und Halt. Nur eins bewirkt sie nicht: ein Erwachen aus kindlichen Wunschträumen, in denen alles auf mein Kommando hört.

24. WAS BEI GOTT ZÄHLT

Wenn der neue Wäschetrockner den Schriftzug einer weltbe-
kannten deutschen Traditionsmarke trägt, sollte man erwarten, dass er zuverlässig arbeitet, einem das Leben ein bisschen
erleichtert und im Übrigen keine Unannehmlichkeiten macht.
Kaum aber hat man die Gebrauchsanweisung aufgeschla-
gen, fährt einem der Schreck in die Glieder. Warnung – Ver-
letzungsgefahr!, heißt es da gleich als Erstes, und in diesem
Stil geht es Seite um Seite weiter: Warnung – Erstickungsge-
fahr! Warnung – Brandgefahr! Warnung – Vergiftungsgefahr!
Warnung – Lebensgefahr! Warnung – Explosionsgefahr! Wie
gesagt, es handelt sich um den Wäschetrockner einer weltbe-
kannten deutschen Traditionsmarke, aber bis man zur eigentlichen Gebrauchsanleitung vorgedrungen ist, hat man elf Seiten
Warnhinweise hinter sich und längst kapiert: Das Ding ist mit
größter Vorsicht zu genießen; am besten rührt man es nicht
mehr an.

Dieser Wäschetrockner ist für mich das perfekte Sinnbild
unserer Welt. Offen gesagt funktioniert er vollauf zufrieden-
stellend, wenn man sich einmal überwunden hat, ihn in Gebrauch zu nehmen, aber ein ordentliches Maß an Unerschro-

ckenheit gehört schon dazu – dem Hersteller selbst scheint sein Produkt ja nicht geheuer zu sein. In Wirklichkeit ist dieser Wäschetrockner natürlich völlig ungefährlich. Wahrscheinlich hat es auf diesem Gebiet sogar nie etwas Harmloseres gegeben, aber – dem Hersteller geht es um maximale Sicherheit, um absolute, totale Sicherheit, und da muss auch die unwahrscheinlichste, die absurdeste Möglichkeit einer Fehlbedienung in Betracht gezogen und ausgeschlossen werden. Ich möchte nicht wissen, wie lang die Warnhinweise bei einem Bügeleisen heutzutage sind. Auf einem Joghurtbecher las ich kürzlich die fürsorgliche Aufforderung: „Den Inhalt mit einem sauberen Löffel entnehmen!" Da fällt dann auch dem Letzten auf, dass Sicherheit für uns zur Obsession geworden ist.

Es könnte ja was passieren … Groteske Sicherheitsmaßnahmen werden mittlerweile mit diesem einen Satz gerechtfertigt, in allen Lebensbereichen, und pausenlos wird vor allem Möglichen gewarnt, denn: „Es könnte Ihre Gesundheit gefährden!" Fürsorglichkeit und Sicherheit steht in leuchtenden Lettern riesengroß am Himmel über der westlichen Kultur, und auf welcher Seite wir aussteigen sollen, das erfahren wir über den Bordlautsprecher – eine Durchsage erspart uns den lästigen Blick aus dem Zugfenster. Sorgloser Genuss von der Wiege bis zur Bahre – so lautet die Verheißung von Herstellern, Dienstleistern und Politikern, und am liebsten würden wir uns blind darauf verlassen und gern noch mehr Vorschriften, noch mehr Gesetze dafür in Kauf nehmen, denn – wenn alles geregelt wäre, würde auch nichts mehr schiefgehen, dann wären wir endlich sämtliche Sorgen los. Das Seltsame ist aber: Je sicherer alles wird, desto unsicherer fühlt sich der Mensch, desto bedrohlicher erscheint ihm die Welt.

Konsequentes Sicherheitsdenken würde nämlich bedeuten, dass wir permanent, auf Schritt und Tritt, auf Gefahrenquellen hingewiesen würden, die wir andernfalls belächeln oder gar nicht wahrnehmen würden (siehe Wäschetrockner), bis wir am Ende in Panik verfallen wie ein Pferd, das vor seinem eigenen Schatten scheut – jeder wohlmeinende Arzt rät deshalb davon ab, den Beipackzettel zu lesen. Und zum anderen: Je mehr man uns gängelt, desto weniger trauen wir uns zu. Desto eher reagieren wir, wie jeder Überforderte, mit dem Stoßseufzer: Jemand muss sich um mich kümmern! Bitte sagt mir, was ich tun soll … Nein, Regeln, Vorschriften und Warnschilder haben nie die erhoffte Wirkung; sie bewirken das Gegenteil, weil sie das Selbstvertrauen untergraben. Nur der Gebrauch der Freiheit führt zu Selbstsicherheit, nur der Selbstständige fühlt sich den Zumutungen des Lebens gewachsen – und von der Flut der Warnhinweise bloß belästigt. Wenn wir uns von der Angst befreien wollen, ist zu viel Fürsorglichkeit kein Segen.

Könnten wir uns selbst zuschauen, kämen wir wahrscheinlich zu folgendem Befund: Wie besagter Wäschetrockner funktioniert auch unsere westliche Welt alles in allem erstaunlich gut. Wir genießen ungeahnte Freiheiten und einen nie gekannten Wohlstand, auch in puncto Sicherheit haben wir Unglaubliches erreicht, und trotzdem leben wir in Alarmbereitschaft, als könnte der kleinste Fehler die katastrophalsten Folgen haben, als bestände die Gebrauchsanleitung für unser Leben auf dieser Erde nur noch aus Warnhinweisen – Vorsicht!

Explosionsgefahr!, und beachten Sie bitte die Lücke zwischen Zug und Bahnsteig! Und in dieser verunsicherten Gesellschaft, in diesem Klima einer scheinbar grundlosen Angst wachsen nun junge Menschen auf. Was lernen sie? Dass mit dieser Welt, die das Produkt früherer Generationen ist, etwas ganz grundsätzlich nicht stimmt? Dass sie kein Vertrauen verdient? Dass keine weiteren Fehler unterlaufen dürfen? Dass sie selbst deswegen schleunigst die Kontrolle zurückgewinnen müssen, um wieder festen Boden unter ihre Füße zu bekommen?

Vielleicht haben viele junge Leute tatsächlich das dunkle Gefühl, ein gefährliches Erbe anzutreten. Woher sie ihre Theorien beziehen, soll mich hier nicht interessieren; ob ihre Überzeugungen bedenklich und falsch sind, will ich jetzt dahingestellt sein lassen, aber womöglich ist ja etwas dran an ihrem Verdacht, von der Generation ihrer Väter und Großväter um etwas betrogen worden zu sein. Ja, sie schlagen bisweilen westliche Werte wie Aufklärung und Freiheit in den Wind, Sicherheit ist vielen wichtiger, aber kann es nicht sein, dass sie hinter den großartigen Kulissen unserer Zivilisation eine große Leere ahnen? Dass sie deshalb auf Freiheit wenig geben, weil sie ihnen hohl vorkommt, weil Freiheit für sie nur ein anderes Wort für Gleichgültigkeit oder Gewissenlosigkeit ist? Vermissen sie also etwas, das sich der Rest der Gesellschaft nicht eingestehen will? – denn woher sonst sollte diese Moraltrunkenheit kommen, diese Entschlossenheit, aller Welt ihre Regeln aufzuzwingen? Eine Taktik, um an die Macht zu kommen, wird es allein nicht sein. Ich könnte mir denken: Sie spüren, dass die verbreitete Angst doch nicht so grundlos ist, weil etwas Entscheidendes fehlt, weil etwas Haltbares und Dauerhaftes verloren gegangen ist – letztlich wohl ein fester Grund, auf dem man halbwegs sicher im Leben stehen kann.

Wie groß und vollständig die Leere hinter den Kulissen jungen Menschen erscheinen muss, erkennt man daran, dass sie mit ihrer Moralisierungskampagne kaum einen Lebensbereich auslassen. Sie gehen wirklich gründlich vor und erklären praktisch alles zu einer Frage von Gut und Böse, womöglich von Leben und Tod – was wir essen und trinken, was wir anziehen, wie wir sprechen, wie wir unseren Urlaub verbringen und welche Frisur wir uns zulegen. Schon beim Cappuccino entscheidet sich, wes Geistes Kind man ist – Hafermilch? Mandelmilch? Bohnenmilch? Kuhmilch jedenfalls besser nicht … Da tut sich eine Geisteswelt voll kleinlicher Gesetze und unsinniger Regeln auf, das ist schon richtig. Aber wenn wir für einen Moment auf Abstand gehen und nach der tieferen Ursache fragen, erkennen wir dann nicht in den lautstark, oft auch aggressiv geäußerten Forderungen der jungen Generation eine Angst vor der großen Leere? Eine Sehnsucht nach Orientierung? Ein Verlangen nach verbindlichen Wahrheiten? Nach mehr Ernsthaftigkeit? Und können wir es uns leisten, dieses Warnsignal zu überhören?

Die Angst ist jedenfalls da, und durch noch größere Fürsorge ist sie nicht zu vertreiben. Durch noch mehr Regeln, Vorschriften und Gesetze allerdings auch nicht. Corona hat uns gezeigt, dass völlige Sicherheit eine Illusion ist; wir täten also gut daran, für uns einen Weg zu finden, mit der Unsicherheit zu leben. Denn wir sind zerbrechliche Wesen, und der Tod ist kein vermeidbarer Betriebsunfall; er lacht über unsere Pläne und alle Versuche, das Leben unter Kontrolle zu bringen, heute wie vor 2000 Jahren, als Jesus folgendes Gleichnis erzählte:

„Ein Großgrundbesitzer hatte allen Grund zur Freude. Es war ein gutes Jahr für ihn gewesen, er hatte eine reiche Ernte eingefahren und wusste nun nicht wohin mit den Bergen von Korn. Also beschloss er, die alten Vorratsspeicher abbrechen und neue, größere bauen zu lassen, und als er mit der Planung fertig war, lehnte er sich zufrieden zurück. So, liebe Seele, sprach er zu sich, jetzt wirst du dir bis zum Ende deiner Tage keine Sorgen mehr zu machen brauchen! Entspann dich, vergnüg dich, lass es dir einfach nur noch gut gehen … In diesem Augenblick ließ sich die Stimme Gottes vernehmen, und sie sagte zu ihm: Du Dummkopf! Heute Nacht wirst du sterben. Was nützen dir deine Vorräte dann noch? Und so", schließt Jesus in seiner knappen Art das Gleichnis ab, „wird es allen ergehen, die auf Sicherheit aus sind und an die Planbarkeit des Lebens glauben und dabei ganz vergessen, worauf es ankommt und was bei Gott zählt."

Damit kommen wir zur letzten Frage. Was zählt bei Gott? Wenn wir Jesus für glaubwürdig halten, dann zählt bei ihm nichts von dem, worauf wir üblicherweise stolz sind. Es zählt kein Erfolg, kein vorschriftsmäßiges Leben und keine moralische Makellosigkeit. Dieses ganze Streben nach Perfektion oder Bedeutung ist menschlich, sagt Jesus, aber vollkommen nebensächlich, es sollte uns nicht übermäßig beschäftigen, denn worauf es wirklich ankommt, ist etwas völlig anderes. Nicht, was unsere Mitmenschen in uns sehen, ist entscheidend, sondern was wir in ihnen sehen. Schau dir den anderen also genau an, fordert Jesus uns auf, schau ihm in sein Gesicht – wen erkennst du dann?

Je nachdem, wer vor uns steht, könnte es viele Antworten darauf geben. Unsere Augen sind daran gewöhnt, Unterschiede wahrzunehmen, und unser Gehirn ist darauf geeicht, Unterschiede zu bewerten. Deshalb teilen wir unsere Mitmenschen nach Hautfarbe und Herkunft ein, nach Aussehen, Alter, Geschlecht, Bildung, Leistung oder Nationalität, auch nach Erfolg oder Versagen, und unterteilen nach Rassen und Klassen, nach Siegern und Verlierern, nach wertvolleren und wertloseren Exemplaren. Für alle diese Unterschiede ist Jesus blind. Er trennt den Wert eines Menschen von seiner Leistung, seiner Herkunft, seinem Geschlecht und seinem Verdienst, er löst ihn aus allen Zufälligkeiten heraus und gibt ihm seine ursprüngliche Identität als gottgeschaffenes Wesen zurück. Denn dies eine haben wir gemeinsam: dass wir alle aus der Hand desselben Schöpfers hervorgegangen sind, von Gott deshalb alle unterschiedslos geliebt werden und füreinander geschaffen, füreinander bestimmt sind. Wenn wir also die Perspektive Gottes einnehmen könnten, würden wir bei jedem Blick in das Gesicht eines anderen Menschen uns selbst wiedererkennen. Und darauf kommt es an. Das ist die Botschaft, für die Jesus drei Jahre lang ein turbulentes Leben auf sich genommen hat, für die er auch in den Tod gegangen ist: Erkenne dich in jedem anderen wieder – zur Not in dem übelsten Burschen, auch in der verachteten Hure, auch in dem verhassten Steuereintreiber –, wenn das große Gegeneinander ein Ende haben soll.

Auf diese Art käme das Reich Gottes in die Welt, durch einen Wechsel der Perspektive, durch eine neue Sichtweise. Vollkommenheit wird von uns also nicht erwartet. Es ist keine Makellosigkeit gefordert, wie es die Moralwächter aller Zeiten tun. Auch in der Unvollkommenheit sind wir uns alle gleich, und Gott rechnet in unserer Lebenszeit nicht nach, er rechnet nicht auf, und er rechnet nicht ab, er lässt, wie Jesus sich ausdrückt, „seine Sonne über Gerechten und Ungerechten scheinen." In der Gleichniserzählung vom verlorenen Sohn entwirft Jesus das Bild dieses Gottes, der über alle Fehler der Vergangenheit hinwegsieht, und damit will ich dieses Buch beschließen. Es geht so:

„Ein Mann hatte zwei Söhne. Der jüngere von beiden sagte zu seinem Vater: Zahl mir mein Erbe aus! Der Vater ließ sich darauf ein und teilte seinen Besitz unter seinen Söhnen auf. Der jüngere verkaufte daraufhin seinen Anteil und verschwand kurze Zeit später mit dem Geld, einer beträchtlichen Summe, ins Ausland, wo ihm nichts Besseres einfiel, als sein Vermögen zu verprassen. Jetzt stand er dort in der Fremde, hatte kein Geld und folglich keine Freunde mehr, dann kam es obendrein zu einer Wirtschaftskrise, und nun sah er sich gezwungen, für einen anderen Schweine zu hüten. Es ging ihm so schlecht, dass er die Schweine um ihren Fraß beneidete, und jetzt fiel ihm sein Vater ein und wie gut es dessen Arbeiter immer bei ihm gehabt hatten. Da bereute er seine Verschwendungssucht, und in der bangen Hoffnung, sein Vater würde ihn wenigstens als einfachen Arbeiter wieder aufnehmen, beschloss er, sich auf den Heimweg zu machen. Ein Hallodri wie er dürfte jedenfalls nicht damit rechnen, als Sohn willkommen zu sein.

Und sein Vater sah ihn von Weitem. Im selben Augenblick ließ er alles stehen und liegen, eilte ihm entgegen und fiel dem Zerlumpten um den Hals. Leicht verwundert setzte sein Sohn zu seiner vorbereiteten Rede an und sagte: Ich weiß, ich habe alles falsch gemacht, ich bin nicht mehr wert, dein Sohn zu heißen … Aber sein Vater unterbrach ihn, wollte davon nichts wissen, rief stattdessen ein paar Knechte herbei und befahl ihnen, seinen Sohn sofort ordentlich einzukleiden: Bringt ihm das beste Gewand und ordentliche Schuhe und einen Ring für seinen Finger! Und noch etwas! Schlachtet das gemästete Kalb und bereitet ein Festessen vor!

Die Freude kannte keine Grenzen. Es wurde Musik gemacht und getafelt und getanzt – nur einer machte nicht mit, nämlich der zweite, der ältere Sohn. Der fand den ganzen Aufwand für einen, der sein Geld mit Huren vergeudet hatte, der sein Leben mit anderen Worten nach Strich und Faden verpfuscht hatte, sehr ungerecht und protestierte. Da nahm ihn sein Vater zur Seite und sagte: Ich verstehe dich. Du hast alles richtig gemacht, und das erkenne ich an. Aber was gibt es Schöneres, als jemanden in die Arme zu schließen, den man verloren geglaubt hatte? Ja, dein Bruder war verloren. Aber jetzt ist er wieder da, er ist gerettet, und was er auf dem Kerbholz haben mag … Seien wir gnädig. Es ist nicht der Rede wert."